おっさんの掟
「大阪のおばちゃん」が見た日本ラグビー協会「失敗の本質」

谷口真由美
Mayumi Taniguchi

小学館新書

巻頭対談

川淵三郎×谷口真由美

「谷口さんは『男社会』のラグビー界に、革命を起こす存在だと期待していました」

ラグビー界の「壁」は厚かった

川淵　谷口さん、お久しぶり。ついにラグビーの新リーグ「JAPAN RUGBY LEAGUE ONE」が動き出したね。

僕はラグビーのプロリーグの将来性は、非常に大きいと思っているんです。

2019年、日本でラグビーワールドカップが開催されるときに僕が心配したのは、「外国人がたくさんいる日本代表チーム」を国民が受け入れるのか、ということでした。ラグビーはオリンピックやサッカーと違って、日本国籍を持たない代表選手が多い。そういうチームを、ラグビーに疎《うと》い日本人が国の代表だと思うだろうか、と。

ところが、いざ始まってみたら、僕の心配なんかまったく無用で、外国籍の選手でも代表の一員としてみんなが応援し、結束した。「いやあ、ラグビーってのはすごいなぁ」と心から思いました。

それに、日本のトップリーグには、外国の超有名選手もたくさん来ていますから。ラグビーは北半球と南半球ではシーズンが違うので、南半球からすごい選手を呼べるんですよね。これはサッカーではちょっと考えられない。そういう意味ではとてもうらやましい環境ですよ。

谷口 とくにワールドカップ以降、トップ選手がたくさん日本に来てくれるようになりましたからね。

川淵 そうだよね。それを日本のファンがみんなで応援しているわけだから、観客の目も肥えてくる。そういうチームでは一緒にプレーしている日本人のレベルもどんどん上がるわけです。これはスポーツとして素晴らしいと感じましたね。

これから完全なプロ化が進めば、日本全体のラグビーのレベルアップにつながるし、お客さんも増えてくるはず。子供たちもラグビーに興味を持つようになり、競技人口も増える。日本ラグビーが世界レベルに飛躍するそんな未来を見据えて、日本ラグビーフットボール協会はプロ化を志向したんだと僕は思っていました。

だけど、今回の谷口さんの処遇を考えると、本当にその方向に力強く進んでいるのか、ちょっと疑念が湧いてきたのも事実だね。

僕が「ラグビー界の改革の旗手」として期待していた谷口さんは、新リーグの開幕を待たずして、2021年の6月にラグビー協会のすべての役職から退いてしまった。「新リーグ法人準備室長・審査委員長」という重職に就いていて、新リーグ立ち上げにもっとも尽力していた人だったのに。

周囲からも「谷口さんはよくやっている」と聞いていただけに、「一体何が起こっているのか」と驚きましたよ。

谷口　ご心配をおかけして申し訳ありませんでした。2020年1月、私が新リーグ法人準備室長に就任した際にご挨拶に伺ってから、川淵さんにはいつも気にかけてもらっていました。

「困ったことがあったらなんでも連絡してきていいよ」と、すぐに電話番号を交換してくださいましたし、その後は「大変だろうけど頑張って」と何度も励ましのメールをいただきました。くじけそうになったときに、いつも救われましたね。そのご厚意に十分なかた

　巻頭対談　川淵三郎×谷口真由美

ちで応えることができず、申し訳ない気持ちでいっぱいです。

川淵　いやいや、谷口さんが謝ることじゃない。だけど、僕は本当にあなたに期待していたし、どんなことでも協力を惜しまないつもりでいたからね。

ご存じのように、僕はサッカーのJリーグ（1991年スタート）や、バスケットボールのBリーグ（2015年スタート）の立ち上げにかかわってきたけれど、そんな立場から見ても、ラグビーの新リーグ創設はそれ以上に困難な大仕事です。

そもそもラグビー界は他のスポーツと比べても突出した「男社会」で、門外漢が立ち入りにくいところがある。そんなイメージが強いのに、ラグビー協会は新リーグの責任者に女性を選んだ。だからこそ、僕は「ラグビー協会は本気で古い体質を変えるつもりだな」と感じたんです。谷口さんには、ぜひ女性ならではの細やかさや、男性では気がつかないような視点でラグビー界を改革してほしかった。

でも、どうやらラグビー界の「壁」はまだまだ厚かったようだね。僕が知る限り、谷口さんは必死で頑張っていたし、周囲からの評価も期待も高かった。しかし、その一方で、ラグビー協会内も、リーグに参加する企業・チームも、あなたの意見を素直に受け入れるような雰囲気ではなく、孤立無援で大変そうだという噂も耳にしました。

やはりラグビー界を動かすのは至難の業だった？

谷口　正直、大変でしたね。協会はジェンダーギャップ是正の観点から「とりあえず女性を」と私を責任者に選んだのかもしれませんが、本気で改革に臨もうという気概を持った方はごく一部でした。

さきほど川淵さんがおっしゃったように、日本ラグビー界はラグビーワールドカップ2019の成功を機に、競技人口とファンを増やして世界に負けない土壌を作っていかなければいけないはず。

ですが、実際は「ワールドカップも成功したし、現状維持でいいじゃないか」と考えている人がラグビー界に驚くほど多かったんです。

それを実感したのが、新リーグのディビジョン分け審査で各チームの担当者と接したときのことでした。

皆さんに「新リーグはこれから10年先、20年先の日本ラグビー発展のための第一歩。そのために各チームにぜひ協力していただきたい」と話しても、「現状を変える意味がわからない」と取り合ってもらえないことが多かったんです。

なかには「我々は企業の士気高揚の一環としてやっているので、中途半端に口を出されると会社幹部の機嫌を損ねる」というような内向きな言い方をされる担当者もいました。

とくに現役を引退し、各企業でサラリーマンとしてラグビー部の部長さんやGM（ジェネラルマネージャー）など管理職を務めている元選手の方に、そういった変化を嫌う考え方が多かったように思いました。

そのために、改革も志半ばで終わってしまったところがあります。

日本に蔓延する「現状維持」の病

川淵　「大義」よりも「組織の論理」を優先させてしまうのは、日本社会の古くからの悪しき体質だね。最近は少しずつ変わってきていると思うけれど、それでもなかなか旧弊は改まらない。とくに「現状維持」になびいてしまうのは、ある程度年齢を重ねて、それなりのポジションを摑《つか》んだ人たちだね。

思い返せば、僕らがJリーグを作ろうとしたときも、一番反対したのは団体や企業の部長クラスだったり、役職が上の人たちでしたよ。

「要らんことやってくれるな」とか「いまだって、新聞にそこそこ企業名が出てる。冒険する必要はない」とか、つねに後ろ向きなことを言うんだよね。

だけど、団体やチームを運営している課長クラスや若手はそうじゃない。現場を切り盛りしている人たちは「このままじゃまずい」と現状をよく認識しているから、「やっぱりプロリーグがないと韓国には勝てない」とプロ化に積極的だったね。

谷口　それはラグビーも一緒でした。新リーグのビジョンを説明すると、30代くらいの若い人たちは目をキラキラさせて「こういうことはできますか」「もっとこうしたほうがいいんじゃないか」と前向きな質問や提案をしてくるんです。ところが管理職以上の方々からは「それは本当に必要なんですか」とか「責任は誰が取るんですか」とか、どうしても後ろ向きな反応が多かった。

「新しいことが面倒くさい」――そんな雰囲気が蔓延《まんえん》していました。これはラグビー界に限ったことではありませんが、どうしても男性と年長者が大きな力を持っていて、女性や若者といった組織内での弱者の意見はなかなか反映されないと実感しました。

川淵　これはタテ割りの意識が強いスポーツ界全体、ひいては日本社会全体で変えていかなければいけない問題だね。歳をとっても情熱を持っている人はいるから一概には言えないけど、どうしても年寄りが増えると組織は停滞しがちになる。

歳をある程度とってくると先が見えてきてしまうから、ついつい若い人の熱い気持ちにフタをするような行動をとってしまう。だけど、なぜ新しいことに取り組まなければいけないかというと、「若い人たちの未来」を創っていかなきゃいけないからだよね。

だから、僕たちみたいな年寄りは内心「大丈夫か?」と思っていても、若い人たちに「やってみなはれ」と言ってあげなくちゃいけない。それが長く生きてきて、それなりにポジションと経験を持った人間の務めだと思うんです。

谷口　素晴らしい！　川淵さんは、それを自ら実践されているトップですよね。

川淵　いやいや、僕にだって「年寄り病」は忍び寄ってきているんですよ。２０２1年の9月に女子プロサッカーリーグ「ＷＥリーグ」が始まったんだけど、僕はそのプランを聞いた当初、「そんなのやめとけ」って言ってしまった。「お客さんは入らないだろうし、チームや選手の実力もまだまだ。成功するわけがない」という判断でね。

でも、「ＷＥリーグ」は、成功は難しいと懐疑的に見られているなかで、田嶋幸三・日本サッカー協会会長のもと、優秀な女性たちがいろいろなアイディアを出して必死に頑張っていました。

その奮闘を見てたら、ふと「そう言えば、俺も昔同じだったな」って思い出したの。「Ｊリーグを始めるときに俺も同じこと言われたわ」って(笑)。

Ｊリーグ立ち上げは困難だらけだったけど、それでもやり遂げることができたのは「理念」というか「大義」みたいなものがあったからです。

現役選手だった1960年代、ドイツに遠征したことがあったんです。そのとき、立派なクラブハウスがあって、選手たちが綺麗な芝生のグラウンドでプレーしている姿を見て、心底憧れた。「こんな素晴らしい環境が日本中のいたるところにあったら、きっと日本のサッカーはもっと強くなるし、楽しくなる」――そう感じたのが、僕がJリーグ立ち上げを志した原点なんです。

やはりスポーツに携わる者にとって、一番大事なのは「理念」です。そのことを思い出して、「申し訳なかった」「やれるだけやってみなさい」と僕は考えを改めた。

いまWEリーグは「女子サッカー・スポーツを通じて、夢や生き方の多様性にあふれ、一人ひとりが輝く社会の実現・発展に貢献する」という確固たる理念を持って必死に頑張っています。

谷口　川淵さんの素晴らしいところは――若輩者が言うのも畏れ多いんですけど、一度「やめろ」と言いながらも、「申し訳なかった」と前言撤回できるところだと思うんです。

一般的には、とくに年配で地位のある方は、一度言ってしまったことを意固地になって変えられず、「俺は成功したけど、お前らのやり方じゃダメだ」と突っぱねてしまう人が多いと思うんです。つい最近、東京五輪をめぐるゴタゴタでも、そういう方がたくさんおられましたよね（笑）。だけど川淵さんは、自分が言われたことを思い出して、素直に考えを変えることができる。

川淵　いやいや、そんな大したもんじゃないよ。だけどひとつ言えるのは、そこに「大義」があるかどうかという問題だよね。僕としては、女子プロサッカーリーグはなかなか難しいミッションだと思ったのも事実だけど、成功させようと努力をしている人たちがいるのもまた事実。

実際にうまくいくかはわからないけれど、少なくとも僕が決めることではない。未来を支えていくのは、若い人たちなんだから。そもそも女子サッカーは僕のためのものではなく、プレーをする若い女性のものですからね。だから物事を進めるときに一番大事なのは、「大義があるかどうか」だと思うんです。

その意味で言えば、外部から招聘《しょうへい》された女性理事として、新リーグ法人準備室長・審査委員長として改革を進めようとした谷口さんをラグビー協会が最後まで守り切れなかったことは、「大義があったかどうか」を問われるところだよね。

谷口　私なりに努力したつもりですが、やはり「孤軍奮闘」という感は否めませんでした。ラグビー協会に、本当に強い改革の意志があったのかどうかも疑問です。

詳しい経緯はこの本で明かそうと思っていますが、私たち新リーグ審査委員会が実施した公平かつ客観的な審査も、最後の最後に「企業の論理」で跳ね返されてしまいましたし、ラグビー協会にも「プロリーグとして単独できちんと収益を上げていこう」という気概は見られませんでした。

川淵　門外漢の僕には詳しいことはわからないけれど、現場の真っ当な改革案が、業界の古い慣習でうやむやにされてしまう――それはラグビー界に限らず、大なり小なりどこの組織にもあることです。だけど、そんな組織でもたまに突破口を開く人間が出てくるんだよね、私はその役目を谷口さんに期待していたからこそ応援した。

ただ、その人によっぽどの力がないと重い扉が開かないのも事実。正直なところ、どんな革命でも、成功させるにはそれをサポートする後ろ盾が必要なんだよね。きっと谷口さんには、それだけの「権力」や「後ろ盾」が与えられなかったんだと思う。それが厳しいところだったね。

僕がバスケットボールのBリーグを作ったときには、「FIBA（国際バスケットボール連盟）」から日本スポーツ協会、スポーツ庁などが全部僕の後ろについていた。だから「あなたたちは今まで何やってたんだ！」とか「言うことを聞かないとみんなぶっ潰すぞ」くらいの強気なことが言えたんだけど（笑）。

谷口　そうですね。私に与えられた権限や、予算や人員は本当に心細いものでした。協会のなかには「お手並み拝見」というか「やれるもんならやってみろ」という冷たい視線もあって……。

そんななか、川淵さんの存在は本当に私の支えでした。ラグビー協会から完全に外れることになったとご連絡した際にも「かける言葉が見つからない」と返してくださって。

その上で、「いろいろあるだろうけど、毅然《きぜん》としていなさい。とにかくあなたはベスト

を尽くしたんだから」とお電話で温かく励ましてくださったことを、ずっとその後の心の拠《よ》りどころにしてきました。
今回、ラグビー協会での自分の体験を本にしようと思ったのは、けっして彼らへの意趣返しではありません。
私は、新リーグ「JAPAN RUGBY LEAGUE ONE」の成功を心の底から願っているんです。ただ、失敗や教訓も含め自分の経験をきちんと本にして残すことで、どうしても閉鎖的な部分があるスポーツ界に一石を投じられたら——と。今後の若い世代のためにも、絶対に避けてはならないことだと思ったんです。

川淵　それはいいことだね。僕もラグビーが大好きだから、なんとか新リーグも成功してほしいと思っている。だからこそ、少しでも谷口さんの力になれればと協力してきたんです。もちろん、谷口さんの退任にはもどかしさも感じていた。本当なら、いまごろ新リーグの理事長として活躍してほしいと思っていたぐらいだからね。

自分の「負の経験」も含めて、伝えていきたいという谷口さんの気持ち、尊重しますよ。できあがった本を読むのが楽しみですね。

（２０２１年10月、日本サッカー協会にて）

かわぶち・さぶろう／１９３６年、大阪府生まれ。早稲田大学在学時にサッカー日本代表に選出。１９６４年東京五輪に出場。日本代表監督などを経て、１９９１年Jリーグ初代チェアマン、２００２年日本サッカー協会会長に就任。現在は同協会相談役。

おっさんの掟　「大阪のおばちゃん」が見た日本ラグビー協会「失敗の本質」

目次

第1章

カラスの群れにヒョウ柄のおばちゃん

運命を変えた電話

2019年5月のある日。午後にかかってきた電話で、私の生活は一変しました。

その日は金曜日。午前中に大阪大学で日本国憲法の講義を終えた私は、前夜に寝不足だったこともあり、帰宅するや否や、ついソファでウトウトと居眠りを始めてしまいました。

すると突然、スマホを揺らす着信のバイブレーションが響き出したのです。

「なんやねんな、眠うてたまらんのに！」

しぶしぶスマホ画面の履歴を見ると、そこにはふたりの名前が表示されていました。

坂田好弘《さかたよしひろ》さん（当時76歳）と川村幸治《かわむらこうじ》さん（当時65歳）です。

坂田さんは、日本ラグビー協会副会長で、関西ラグビー協会の会長（いずれも当時）。大阪体育大学ラグビー部の監督を36年間務め、同大学の名誉教授となられた方です。現役時代は日本代表で活躍し、〝空飛ぶウイング〟として知られた名選手。2012年には日本人初の世界のラグビー殿堂入りを果たしているレジェンドです。

一方の川村さんは、当時の日本ラグビー協会評議員。高校ラグビーの激戦区である大阪で布施工《ふせ》（現・布施工科高等学校）を何度も花園に導き、高校日本代表の監督も務めました。

おふたりとも、小さい頃から私のことをよく可愛がってくださいました。

私の父・龍平は、もともと近鉄ラグビー部の選手で、坂田さんは現役時代のチームメイト。お互い同じウイングのポジションで、古い友人でもありました。

川村さんと父のご縁もやはりラグビー。父は布施工出身で、ＯＢとして後輩の指導を務めた際に監督だったのが川村さんなのです。

私の子供時代は、いつもすぐそばにラグビーがありました。父は現役引退後、近鉄のコーチとなり、ラグビー部の寮長も務めていました。寮母は私の母。そのため家族で寮に住み込みました。その寮の正式名称は「近鉄ラグビー合宿所」。当時近鉄が所有していた花園ラグビー場（大阪府東大阪市）のメインスタンド内にあったのです。家族がそこで暮らしていたのは、私が６歳から16歳になるまでの間。私は一番多感な思春期を、花園ラグビー場で過ごしてきたのです。

ヒョウ柄の服を着てテレビでズケズケ意見を言ういまの姿からは想像できないかもしれませんが、10代の私はそれなりに純情な少女でした。ですので、体の大きなむさ苦しい男たちが汗まみれでそこらを歩き回る環境はけっして嬉しいものではありませんでした。

「なんでこんな家に生まれたんや！」——そう自分の運命を呪ったこともしばしば。

それでも身近に有名選手たちがいて、日本トップレベルの試合をいつも見られる特殊な環境に置かれたことで、私はいつしかラグビーというスポーツの虜になっていきました。

花園で全国高校ラグビー大会や社会人の試合があるときは、たくさんのラグビー関係者が寮を訪れました。なかでも〝常連〟が、坂田さん、川村さんだったのです。

しかし、このふたりがいっぺんに私に電話をかけてくるなんてまずありえないことです。

「ああ、これはきっと誰かラグビー関係者の訃報やな」と、私は思い込んでしまいました。

そこで慌てて電話をかけると、まずつながったのは川村さんでした。返ってきたのは、「訃報？　ちゃうわ！　理事や、アンタを協会の理事に推薦しといたからな」との言葉。

「はあ、そうですか」

寝起きだったのと、訃報ではないという安心感で、私はそのまま電話を切ってしまいました。しかし、しばらくして事の重大さに気がつき、川村さんに電話をかけ直したのです。

「すみません、ちょっと意味がわからへんかったんですけど、理事って何のことですか？」

「日本協会やがなぁ。ラグビーの！」

それまでの眠気は一気に吹き飛びました。

「え、今年は日本でワールドカップをやる年ですやんか！　なんで私が！」

電話口の川村さんは、私の狼狽なんて気にも留めません。

「今年は理事が代わる年やし、協会規則で定年になる人が多いから新しい人間を入れようとなったんや。だから推薦しといた。まぁ、詳しいことは坂田さんから聞いてぇな」

私はスマホを耳に当てたまま、しばし立ち尽くしてしまいました。

私は「ピッタリのおばちゃん」

「なんで私が日本ラグビー協会の理事にならなあかんの？」

寝耳に水の話に、頭を抱えるばかりでした。しかし、記憶をたどると、わずかな心当たりがありました。電話のおよそ半年前の2018年の年末、花園へラグビーを観に出かけたときのことです。坂田さんと偶然出会い、スタンドで一緒に観戦することになりました。

そのとき、いろいろなお話をしたなかで、こう告げられたのです。

「真由美ちゃん、関西ラグビー協会の理事、ちょっとお願いしたいなぁと思ってんねん。女性理事がひとりもおらんからなぁ」

そのとき私は、「はいはい、ホンマにそんな話が来たら、そんとき考えますわ」ぐらいの軽いノリで答えました。でもまさか、本当になるなんて……。しかもローカルな関西ラグビー協会ではなく、いきなり日本ラグビー協会の理事にオファーされるなんて、まったく想像してもいませんでした。いったいなぜ？

そのあと、坂田さんや川村さんはじめ、多くのラグビー関係者に話を聞くと、私が推薦された事情がわかってきました。どうやらスポーツ庁が「女性理事40％」を目標とするガバナンスコード（指針）を定めたため、急遽《きゅうきょ》、日本ラグビー協会でも新たな女性理事を増やさなければならなくなったのです。そこで坂田さんと川村さんが「それなら谷口真由美が適任や」と強く推したということのようでした。

さきほどお話ししたとおり、私は花園ラグビー場で育った女です。小さい頃からずっとラグビーをすぐそばで観てきたことは間違いありません。

花園ラグビー場で大きな試合があると、いつも私の部屋の窓の前にテレビ中継車がお尻を向けて陣取りました。古いラグビー場の建物なので窓はすき間だらけ。中継車の排気ガスは部屋の中に充満するわ、ガンガン大きな音を立てるわで、とても部屋にはいられない。そういうときは、いつもスタンドでラグビーを観ていました。そのため誰に教わったわけでもないのにルールもかなり覚えていて、それなりに選手の名前も知っています。

法学者として憲法や人権問題、ジェンダー論についての本も書いてきましたし、『サンデーモーニング』（TBS系）などの情報番組にコメンテーターとして呼んでいただく機会も多かった。そのため、ちょうど世間に顔を覚えていただきはじめた頃でした。「ピッタリのおばちゃん知っとるで～」と推薦したお二方の気持ちはわかるような気がします。

人生のハーフタイムのはずが

せやけど、です。その一方で「ラグビー界がいかに閉ざされた社会であるか」を、私ほど知っている人間もいないでしょう。

父の周りのラガーマンはみな情に厚く、かつてのチームメイトやライバルたちと強い仲間意識を持っています。母校やかつての所属チームのためなら、一肌でも二肌でも脱ぐ、という人たちの集まりです。しかしその結びつきが強すぎるゆえに「ラグビーがわからん外野の人間につべこべ言われたくない」という排他的な意識も時折感じていました。

そのうえ、「超」がつく男社会です。私がまだ乙女だった十代の頃から、父の周りのラグビー選手たちからはよく可愛がってもらいましたが、みんな素っ裸でそこら辺を歩き回るなんて当たり前。がさつな言葉もずいぶんかけられました。「いまやったら完全にセクハラでアウトやで！」ということが日常のなかで育ってきたので、「あの人らにまじって〝女性理事〟をやるなんて大変すぎるやろ」と不安ばかりが頭をよぎりました。

ラグビー協会理事就任のオファーに二の足を踏んだのは、私個人の事情もありました。その頃、私は大阪国際大学グローバルビジネス学部の准教授職を辞したばかり。同時期、これまで務めていたさまざまな財団法人、社団法人の理事も辞めさせてもらっていました。メディア出演や講演などは生活のために続けていましたが、教職や研究にかかわる仕事はすべてリセットしたタイミングだったのです。

その年は44歳になり、ちょうど人生の折り返しだと意識していた頃。「人生のハーフタイム」として、1〜2年は後半戦を戦い抜くための「サバティカル」（研究休暇）にしようと決意していたのです。もしワールドカップを控えた日本ラグビー協会の理事を受けてしまえば、そのライフプランは完全に崩れてしまいます。

さらに、日本ラグビー協会の理事会が毎月第3水曜日の17時から19時までというのもネックでした。その頃、私は関西で水曜夕方と木曜早朝の情報番組にレギュラー出演しており、それを月イチで休むとなるとテレビ局に迷惑をかけてしまう。日本ラグビー協会の理事は基本的にボランティア（無償）とのこと。当時はメディア出演のギャランティーが私の収入のすべてでしたから、もちろん家計の面でも痛手でした。

〝後押し〟したのはあの実力者

しかし、そのような事情を坂田さん、川村さんらラグビー協会の方々に説明しても、「まァ、そう言わんと」「よろしく頼むわ」とのらりくらりかわされてしまう。どうやらラグビー協会において、私の理事登用は決定事項とされているようでした。あとからラグビー協会の方に聞いた話ですが、坂田さん、川村さんが推薦した私の名前がリストに挙がっているのを見て、清宮克幸《きよみやかつゆき》さんが「ぜひ谷口を」と後押ししたようなのです。

清宮さんとは、その前年（2018年）の7月、北海道で開催されたスポーツフォーラム『ラグビーワールドカップ2019に向けて』で、一緒にパネリストとして登壇して以来のご縁。その後、清宮さんが立ち上げた静岡の「アザレア・スポーツクラブ」でも理事就任を頼まれ、引き受けた経緯がありました。

清宮さんは、2001年に早稲田大学ラグビー蹴球部の監督に就任すると、いきなり関東大学対抗戦で11年ぶりに優勝。それから、5年連続で全勝優勝を果たします。大学選手権も3度制覇し、早稲田ラグビー復活を強く印象づけ、その後はサントリーラグビー部監督としてもトップリーグチャンピオン（2007年）に輝きました。

名将であるだけではありません。選手時代の実績も華々しいものです。大阪府立茨田《まった》高校時代には主将として全国花園大会に出場。高校日本代表でも主将を務めています。早大ラグビー部でも2年時に社会人チームの東芝府中を下し日本選手権優勝、4年時は主将として全国大学選手権を制し、アンダー23日本代表にも選ばれました。さらに付け加えれば、長男は甲子園のスターで北海道日本ハムファイターズの清宮幸太郎さんです。

そして元ラグビー協会名誉会長の森喜朗《もりよしろう》・元首相に後押しされ、その年に協会副会長に抜擢されることになる実力者です。発言力も影響力も大きく、「谷口なんていらん！」と異議を唱えられる人は誰もいなかったのでしょう。

結局、しぶしぶながらではありますが、テレビ番組の出演スケジュールを調整して、ラグビー協会の理事をお引き受けすることになりました。父の旧友のメンツを潰すわけにもいきませんし、なにより私が「嫌や！」と言っても通る雰囲気はありませんでしたから。

のちに何人かの協会関係者にこの経緯について不満を漏らしたところ、「ラグビー協会では大先輩からの頼みごとは決定と同じ」「そもそも彼らは〝断られる〟なんて想像もしていない」と平然と返されました。それが「ラグビー村」の掟らしいのです。

一般的には、このような外部理事登用の場合、然るべき担当者が候補となった人に正式にオファーし、詳しい条件・業務内容を説明したうえで引き受けてもらうというのが常識だと思います。しかし、ラグビー界では〝知り合いのツテ〟を頼りに、そのプロセスが不透明のままナァナァで決められてしまうことがままあるようでした。

私はこれを機に、「ラグビー村」に振り回されていくことになるのです。

5人の女性理事

2019年6月、私を含め3人の女性が日本ラグビー協会の理事に加わりました。

ほかのふたりは、石井淳子《いしいあつこ》さん（当時61歳）と、齋木尚子《さいきなおこ》さん（同60歳）。石井さんは厚生労働省社会・援護局長を務めた元キャリア官僚で、全日本柔道連盟で女性初の副会長となられた方です。東大在学時は一時期、ラグビー部のマネージャーをしていたと伺いました。齋木さんは元外交官で、国際法局長、外務省研修所長などを歴任しておられます。

もともと理事を務めておられた元7人制ラグビー女子日本代表ヘッドコーチの浅見敬子《あさみけいこ》さん（同42歳）、元読売新聞記者で昭和女子大学特命教授の稲沢裕子《いなざわゆうこ》さん（同60歳）を合わせ、女性理事は計5名となりました。

その年、男性理事は19名でしたから全24名（会長・副会長含む）。女性の比率は約20％です。スポーツ庁のガバナンスコードである40％には達しませんでしたが、ラグビー協会としては女性登用を強く印象づけたかたちとなりました。

私たち新任理事にとって、最初の仕事は6月29日に東京・青山で開かれる新年度初回の理事会でした。突然のオファーに戸惑った私ですが、この頃には「せっかくやから頑張ってラグビー協会を盛り上げていこう！」と前向きな気持ちになっていました。

理事会出席時の交通費は協会支給ですが、新幹線は普通車指定席のみ。宿泊費は1泊1万円までと決められています。普通の会社で言えば理事会は役員会にあたります。「なんや、理事会という割にはシブチンやな」と内心思いながらも、勇んで東京へと向かいました。

会場は日本青年館。２０１７年にオープンしたばかりの、新国立競技場のすぐ横にある地上16階の最新鋭のビルでした。

「こんなところに本部があるなんて、ラグビー協会もなかなか羽振りがええねんなぁ」

そのとき、私はすっかりそう勘違いしてしまいましたが、この日はたまたまここで会議室を借りただけ。あとになって秩父宮ラグビー場の脇にあるボロい建物が日本ラグビー協会の本部であることを知り、私はショックを受けることになります。

議論より「顔見せ興行」

さて、問題は理事会の中身です。

「本日はお忙しいなか、みなさんお集まりいただきありがとうございます」というような型どおりの挨拶があって、「新任の理事はこの方たちです」と私たちの名前が読み上げられました。心の準備はしていたのに、挨拶の機会はありませんでした。

そのあと、「新しい会長は森重隆《もりしげたか》さんでよろしいでしょうか？」「副会長は清宮克幸さん、山城泰介《やましろたいすけ》さん、専務理事は岩渕健輔《いわぶちけんすけ》さんです。よろしいでしょうか？」となり、「異議なーし」という雰囲気で拍手が起こると、あっという間にお開きになってしまったのです。

つまり、私の新理事として初めての仕事は、大阪から東京に呼ばれ、「役職人事はこれでいいですね？」と言われるのをただ座って見ていただけ。意見や質問をするタイミングも、切り出せる雰囲気もありませんでした。

上層部で決められた内容には口を挟めない。理事会は「誰も文句なんかあるわけないやろうけど一応聞いといてやるわ」というアリバイづくりにしか思えませんでした。結局、協会の人事は、実際に私がそうであったように、公の場で審議・承認されるというより、いつのまにか一部の人間だけで決まっているという状態が恒常化しているようでした。

女性理事の登用も「意見を吸い上げて新しい風を吹かせよう」という前向きなものでは

なく、「ただの人数合わせ」ではないか――そんな疑念を感じずにはいられませんでした。

のちに、ある協会関係者に聞いたところ、そもそも私が入る前のラグビー協会では理事会の前に関係者だけで打ち合わせをやり、大事な議論はそちらでしていたというのです。理事会はその結果を発表するだけの「報告会」に過ぎない、いわば〝シャンシャン総会〟みたいな状態が当たり前になっていたようです。

「せっかく大阪からはるばる来たのに、これで終わり？　ありえへん……」

そんな気持ちで呆然としていたら、協会スタッフがやってきて、こう念押しされました。

「しばらくお待ちください。この後、新旧の理事、監事、評議員の懇親会がありますので。もちろん参加されますよね」

まったく聞かされていない話でした。とはいえ、せっかく東京まで出てきたのだから、椅子に座って帰るだけというのもなんだし、促されるまま参加することにしました。

立食式の懇親会は、一言で言えば年配の幹部たちへの「顔見せ興行」でした。

「あんたのお父ちゃん、よう知ってんで」とか「テレビで拝見していますよ」とか、いろいろな人がやってきて、最後には「一緒に撮って～」と写真撮影会。

そのあとは坂田さんに誘われ、近所のおそば屋さんで元日本代表の方々をはじめ、協会のお歴々と軽く食事をすることになりました。その間に出たのも私の父との思い出や世間話ばかりで、「日本ラグビーの未来」とか「女性理事に求める役割」みたいな建設的な話は皆無でした。翌日に予定があった私はそのままひとり新幹線で大阪へ帰りましたが、これほど収穫のない東京滞在は初めてでした。

「ホンマに私は必要とされてるんやろうか、ただラグビー選手の娘やから、適当に指名されただけとちゃうんかしら？」

と、ますます違和感は強まるばかりでした。

多すぎる「陪席者」

それから約1か月後の2019年7月17日、2回目の理事会の日がやってきました。

会場は秩父宮ラグビー場の敷地内にある日本ラグビー協会のジャパンクラブ。よく言えばレトロで昭和ノスタルジーを感じさせる、大阪のおばちゃんらしく身も蓋《ふた》もない言い方をすれば、廃校寸前の小学校のボロボロの校舎のような寂れた建物で開催されました。

会議室もまるで学校の施設のよう。いろいろな記念の品々が飾られているので、日本ラグビーの歴史を感じられるとも言えますが、よくある横長の会議用の机とパイプ椅子がズラリと並んでいて、まるで小学校のＰＴＡの会合のような光景でした。

前回の会場とはまるで違う質素な設備にも驚きましたが、もっと驚かされたのは会議の様子とその中身でした。

ラグビー協会の理事は、会長・副会長含め全24名。その24名に議事録係など数人のスタッフが参加して理事会が行われると思い込んでいました。しかし、実際集まったのは理事のほかに50名近く。会議室はギュウギュウ詰めで、自分の席に辿り着くにはインベーダーゲームのように蟹歩きで椅子と椅子の間をすり抜けなければならないほどでした。

「なんでこんなに人がいてるんやろか？」

一般的に、理事会とは法人運営の方向性を決定する重要な意思決定機関。ときには外部に漏れてはならない情報やデータがやり取りされることもあります。そのため、最低限の人数しか参加を許されないのが常識です。ところがラグビー協会の理事会には、理事より多い数の関係者が参加していたのです。

近くに座っていた理事に「あの方たちは誰なんですか？」と聞くと、その理事は当たり前のように「陪席者ですよ」と答えました。陪席者の内訳は、協会内の各部門、各委員会のメンバーに、特任理事や顧問弁護士など。協会に携わるおびただしい数のスタッフが立ち会っていたのです。

なぜ、そんなに多くの陪席者が必要なのか——。あとで聞いたところによると、ラグビー協会では理事しか理事会議事録を閲覧できないので、情報共有をスムーズにするためとのことでした。前述したように、ラグビー協会の理事会はほとんど議論が行われない〝シャンシャン総会〟状態ですから、決定した情報を確認しようという陪席者が多数いたのです。つまり、アナログな情報戦が行われていたということ。公益財団法人なのですから、そんなことをせず公開すべき情報は議事録を開示すればよいだけのことなのですが。

それに、古参の理事なら彼らの顔や立場をある程度把握しているのかもしれませんが、私には初めて見る顔ばかり。この場に誰か部外者が紛れ込んでいても、きっと誰も気がつかないでしょう。こんなことでは、予算や新事業の話などをすれば、情報がダダ漏れになってしまうのではないか——私は本気で心配になりました。

サンウルブズに2億5000万円

そんなナァナァだらけの理事会に〝波乱〟が起きました。新理事のメンバー報告だけだった第1回と違い、2回目はいくつかの議題がありました。そのなかでサンウルブズの借金の話題が出たのです。

サンウルブズとは、南半球で開催される世界最高峰のインターナショナルプロラグビーリーグ「スーパーラグビー」に、2016年から参加した日本のプロラグビーチームのこと（2020年に解散）。

人材派遣の「ヒト・コミュニケーションズ」という会社がオフィシャルチームスポンサーとなっており、正式名称は「ヒト・コミュニケーションズ・サンウルブズ」。その運営団体は「一般社団法人ジャパンエスアール」（JSR）でした。そのジャパンエスアールに日本協会がお金を貸与するという報告がなされたのです。すでに理事会の1週間前の7月10日に1億5000万円を貸し付けており、今後さらに1億円をキャッシュで貸し付けるという話でした。なんでも会計年度の問題で、サンウルブズにキャッシュがないため協会からいったん貸し付け、キャッシュが入ってきたら返金するというのです。

そんな話をいきなりされても、私にはどういう経緯なのかさっぱりわかりません。ほかの新任理事も同じだったようで、みなさんから「どういうことか」と質問が出ました。

一番最初に質問したのは、私と同じタイミングで新たに理事になられた境田正樹《さかいだまさき》さんでした。境田さんはラグビー経験者ではありませんが、清宮さんと親しい弁護士さんです。バスケットのプロリーグ・Bリーグの理事も務めており、その立ち上げに尽力された方です。その経験を買われて、ラグビー協会の理事になられたそうです。

そんな境田さんからすれば当然疑問に思ったのでしょう。「キャッシュを貸し付けるという話ですが、返ってくる見込みはあるんですか？」と問い質《ただ》されました。

実は、この年（2019年）の3月の時点で、サンウルブズが参加する「スーパーラグビー」の主催団体は、翌2020年度シーズンを最後に2021年度からサンウルブズをリーグから除外するとしていました。

つまり、サンウルブズの先行きが不透明であるうえ、どれほどの収益が上がるのかもわからない状態。そんななかでお金を貸すとなると、心配になるのは当然です。

私たちの質問に対して返ってきたのは「まだチームは解散していない」「金を出すのはすでに決まっている話だ」との回答。まったく疑問に正対していません。

私たちが入る前の〝シャンシャン理事会〟の常識であれば、質問も出ず、ただ報告して終わりだったのでしょう。しかし、理事会は団体の最高意思決定機関であり、本来なら財政も含めて明確にすべき場面です。いくら新人理事とはいえ、現金で1億円を別の法人に貸すという話に何の事情も知らないまま「はい、異議なし」では終われません。

結局、たくさんの陪席者がいるにもかかわらず、その場で納得できる答えはなく、宿題として翌月の理事会で顧問弁護士から説明を受けることになりました。これまでのラグビー協会の理事会が大きな機能不全を起こしていたこと、幹部が決めたことをただ受け入れる「イエスマンたちの集まり」となっていたことを理解させるのに十分な出来事でした。

寄付金額がステータス

さらにこの理事会の最後の最後になって、私は古参の理事・協会関係者たちを凍り付かせる発言をしてしまいました。

帰り際、「理事会の皆様には寄付をお願いしております」というアナウンスとともに「JRFU（日本ラグビーフットボール協会）基金」なるものの説明が始まったときのことです。

詳細は覚えていませんが、用紙には「理事・幹事は3万円」「部長クラスは2万円」「委員長ほかは1万円」などと、役職ごとに寄付すべき金額が書いてあったのです。

私は思わず、「これって全員が納めるものなんですか？」と訊ねました。すると担当者は「あくまでもご寄付を募るものです」と答えました。さらに「何のための寄付なんですか？」と質問すると「協会もいろいろと財政難で、お金がないもので」との回答。

理事や職員から数万円単位のお金を募るなんて、さっきまで、億単位のお金をサンウルブズに貸す、と言っていた団体とは思えません。そのギャップに呆れた私は思わず、「なんか、耳かきでお金集めてダンプでどっかに持って行くみたいな話ですねぇ」と漏らしてしまったのです。周りの人たちは「え！」と驚いた顔で凍り付きました。

この件については、あとから協会内で嫌味のように言われました。「さすが、外から来た人は違いますねぇ」と。最初は意味がわからなかったのですが、どうやらラグビー協会の人間にとって、この寄付は「ステータス」だったようなのです。

彼らにとっては寄付を求められることで「ああ、ようやく自分もこの立場まで上り詰めたか」と思うものらしい。1万円、2万円の寄付しか求められない役職からのしあがって、ようやく3万円を寄付できる立場になったと――。人によっては「お前らは1万円しか寄付できへんやろ」みたいな感覚なのかもしれません。それに対し、私のように「それは絶対に寄付せなあかんのですか？」というようなことを口にすること自体、〝ラグビー村〟の住人にとっては心外で、失礼だったのかもしれません。それでも、仕事の都合をつけて減収覚悟で請われてやってきた私にとっては納得できない話でした。

「ああ、ここはそういうところか。これは村の聖地に入る通行料みたいなもんかな」

正直、そう思ってしまいました。

とはいえ、私も「ケチくさいおばちゃんや」と思われるのはイヤなので3万円を寄付しました。あとから記念品のピンバッジが届きましたが、まったくうれしくありません。

「耳かきでお金集めて～」の発言は、ナニワで育った私の感覚なら笑いが起こってもおかしくない他愛のないものです。しかし、ラグビー協会の人々は凍り付いてしまった。

「わ、これが通じへんのか。これはまずいところに来てしもたかもしれんな」

と不安は増幅するばかりでした。

この寄付について、ほかの新任理事から不満や意見は出ませんでした。〝ラグビー村のおかしな掟〟にいつも引っかかってしまう私は、やはり異質な存在だったと思います。たとえるなら、黒と茶色とグレーのスーツを着たマッチョなおっさんたち、いわば「カラスとスズメとハト」の世界に、一匹だけ紛れ込んでしまったヒョウ柄の大阪のおばちゃん――それが私だったのかもしれません。

1985年に「男女雇用機会均等法」が成立してから、すでに30年以上が経っていました。その間に昭和―平成―令和と時代は移り変わり、日本における「男女同権」や「ジェンダー問題」への意識も大きく変容したはず――フェミニズムや人権を研究してきた立場として、私はそう期待していました。しかし、これから私が日本ラグビー協会で経験することになるのは、昭和の時代で時間も価値観も止まったままの「おっさん社会」だったのです。

第2章

改革の急先鋒・清宮兄さんの失敗

「プロ化だよ、プロ化！」

私が日本ラグビー協会の理事になったのと同じタイミングで清宮克幸さんが副会長に抜擢されたこと、そもそも私の理事登用は清宮さんのプッシュがあってのことだったという内幕はすでにお話ししました。実は理事就任の直前、清宮さんと電話で連絡を取り合ったとき、私はこんな話を聞かされていたのです。

「俺も推していたのでうれしいよ。理事になったらイノベーションプロジェクトチームの担当に据えるつもりだから」

ラグビーのイノベーション？　いったいなにをやるプロジェクトなのか、まったく想像できませんでした。

新機軸や新しい価値を創造する——イノベーションという言葉には、そんな意味があります。そんな「新しい言葉」と、伝統を重んじるラグビー界のイメージが、どうも結びつきません。それに、日本ラグビー協会理事の「そもそもの仕事のやり方」すらわかっていない「どこから手をつけたらええんですか」状態の私に、イノベーションもなにもあったもんじゃありません。

「あのう、イノベーションってどういうことなんでしょうか？」

私は思わず清宮さんに聞き返しました。すると、返ってきたのは耳を疑う一言でした。

「プロ化だよ、プロ化！　ラグビーのプロリーグを作ろうって話なんだ」

私の本業は法学者です。ラグビー業界に深いコネクションもなければ、スポーツのプロリーグに携わった経験も、一般企業の経営に関する見識もありません。

「絶対できへん！」と困惑していると、清宮さんはこう付け加えました。

「あなたなら大丈夫。静岡の『アザレア・スポーツクラブ』のときみたいにやってくれればいいんだよ。プロ化にあたってのビジョンとか、そういうものを作ってほしい」

ラグビーを語らせたら右に出る女はいない

前章で簡単に説明しましたが、そもそも私と清宮さんの出会いは、2018年7月21日にさかのぼります。

その日は、北海道・札幌市で、同市と北海道新聞主催の「ラグビーワールドカップ20

19に向けて」というシンポジウムがありました。そのなかで清宮さんと、明治大学ラグビー部元監督の丹羽政彦《にわまさひこ》さん、私の3人による「ワールドカップ札幌　2試合の楽しみ方」というパネルディスカッションが行われたのです。司会はラグビージャーナリストの村上《むらかみ》晃一《こういち》さん。私は「花園ラグビー場で育った大阪国際大学准教授」という紹介でしたので、3人のなかではラグビーから一番遠い立ち位置にいる人間でした。

そのなかで、司会進行の村上さんから「谷口さんが考えるラグビーの良さとは？」という質問があり、私は大西鐵之祐《おおにしてつのすけ》先生の著書『闘争の倫理』について語ったのです。

大西先生は早稲田大学や日本代表の監督としてさまざまな功績を残された、ラグビー界のレジェンドです。とくに1968年、日本代表監督としてニュージーランドでオールブラックスジュニア（23歳以下のニュージーランド代表）と戦い、23対19で勝利した一戦はラグビー史に残る名勝負とされています。ちなみにその試合で4トライの大活躍をしたのが、私をラグビー協会理事に推薦した坂田好弘さんです。

大西先生が著書で強調したのは、「ラグビーは戦争を遠ざける」ということでした。

コアなラグビーファンでなければ馴染みがないかもしれませんが、世界のラグビーを統括するワールドラグビーは「ラグビー憲章」なるものを掲げています。そのなかで、ラグビーというスポーツの価値として挙げられているのが、「品位」「情熱」「結束」「規律」そして「尊重」の五つです。

　ラグビーは、鍛え上げた肉体でぶつかり合い、ボールを奪い合う激しいスポーツです。そのため、単に闘争本能だけでプレーしていては、下手をすれば〝喧嘩〟と変わらないものになってしまう。そこでこの五つの価値が重い意味を持つようになります。

　ラグビーは１チーム15人もの大人数で戦うスポーツです。そして、そのメンバーは他の球技には見られないほどバラエティに富んでいます。体重１００キロを超える巨漢にも、身長１６０センチ程度の小兵にも、俊足にもそうでない人にもそれぞれの役割がある。ラグビーは個性や長所の異なる15人がチームを構成する「多様性」のスポーツなのです。

　皆さんがよくご存じの日本代表選手で言えば、１８６センチ・１１６キロと大柄な稲垣《いながき》啓《けい》太《た》選手は、プロップとしてスクラムの最前線で戦います。

　一方、１６６センチ・72キロと小柄な田中史朗《たなかふみあき》選手には稲垣選手のようなフォワードの役割は不向きです。しかし、卓越したパスセンスで低い態勢からバックスにパスを供給し、スクラムハーフとしては素晴らしい能力を誇ります。

福岡堅樹《ふくおかけんき》選手や松島幸太朗《まつしまこうたろう》選手のような俊足タイプは、ウイングとして縦横無尽にピッチを駆け回る。田村優《たむらゆう》選手のようなキックの名手は、プレースキックの役割も任されます。

これほど多彩な役割のあるスポーツだからこそ、個性の異なる他者を「尊重」しなければならない。それはチーム内だけでなく、相手チームやレフリー、ファンも同様です。

大西先生は、先の戦争で苛烈な戦場を体験しておられます。多くの命が無残に奪われていくなかで、非人道的な行為も目撃したことでしょう。その経験から、「どんな状況でも、人間的に振る舞うことができる存在になるにはどうすればいいか」と切実に考えるようになります。そこで大西先生は、先に挙げたような「ラグビー精神」が重要だと説くのです。「品位」や「規律」を失わず、他者を「尊重」できるラグビー精神が浸透すれば、きっと世界平和につながる――と。そのような多様性を認める考え方を「憲章」として定めているスポーツは他になく、そこが素晴らしいと私はシンポジウムで話しました。

さらに、国際人権法やジェンダー法を研究してきた法学者として言えば、ラグビー憲章は「憲法」に非常に近いものだという考えも述べました。

ラグビーというスポーツは、よりエキサイティングに、よりフェアに、そして安全になるよう時代に合わせて細かくロー（LAW）を変え続けています。ラグビーでは、「ルール」ではなく法を意味する「ロー」という言葉が使用されるのもとても面白い。そして「ラグビー憲章」で掲げられた精神は時代が移っても変わらないものです。

日本国憲法は98条で自らを「最高法規」と位置づけ、憲法に反する法律や条例などを作ることはできません。時代の変化や社会問題に対応するため新たに法律や条例が作られても、「国としてのあり方」は常に憲法が指し示している——日本国憲法とラグビー憲章、両者は非常に近いものだと話したのです。

こういった私の意見を聞いて、清宮さんは感銘を受けてくださったようでした。

「ラグビーマニアはたくさんいるけれど、ラグビーの理念や哲学みたいな大事な部分をしっかり語れる女性がいるなんて思いもしなかった。日本でラグビーを語らせたら谷口真由美の右に出る女はいない」

ちょっと過大評価だとは感じましたが、そんなお褒《ほ》めの言葉をいただいたのです。

その出会いがきっかけで、清宮さんから依頼されたのが「一般社団法人アザレア・スポーツクラブ」の理事就任でした。日本で初めて「女性」と「子ども」に特化したスポーツクラブを目指すという理想のもと、清宮さんが立ち上げた組織です。

このスポーツクラブの創設については、２０１9年1月にかなり大々的に報じられたので、ご記憶の方もおられるかもしれません。清宮さんはメディアの扱いが非常に上手で、ご自身のヤマハ発動機ジュビロ監督退任会見と同時にアザレア・スポーツクラブの創立と、その第1プロジェクトとして女子7人制ラグビーチーム「アザレア・セブン」の発足を発表。そのため多くのマスコミが取材に訪れたのです。

「アザレア・セブン」の監督に就任する元ラグビー日本代表の小野澤宏時《おのざわひろとき》さんと清宮さんという大きなラガーマンふたりの真ん中に大阪のおばちゃんの小さな私が挟まれる写真は印象的で、スポーツ新聞やネットニュースに大きく取り上げられました。

実務面では、私はその新組織のビジョンやコンセプト作り、イメージカラーの選定、ジャージのデザインなどに携わりました。その経緯があり、私は清宮さんに信頼されるようになったのです。清宮さんは、ラグビーのプロ化でも、私に同様の働きを期待しているようでした。

そして私は、新副会長の清宮さんに促されるまま、理事就任から1か月後の２０１９年7月に始動したイノベーションプロジェクトチームに組み込まれることになったのです。

イノベーションプロジェクトチーム

イノベーションプロジェクトチームのリーダーはもちろん清宮さん。そこに私と、前述した清宮さんと親しい弁護士の境田さんが担当理事として加わりました。ほかに、協会職員のメンバーがひとり。野田大地《のだだいち》さんという方で、元ゴールドマン・サックス証券のアナリスト。ワールドカップ後の競技普及や事業運営など将来の計画を担うため２０１９年４月に立ち上がった「ＢＥＹＯＮＤ ２０１９戦略室」のメンバーでもありました。

協会外部からのメンバーもいらっしゃいました。若手弁護士の小塩康祐《おじおこうすけ》さん、元電通社員でユニバス（一般社団法人大学スポーツ協会）で働く椛沢保男《かばさわやすお》さんなど。

みなさん、早稲田大学ラグビー部のＯＢや関係者。いわば〝清宮派〟の若い衆です。私はそのなかに合流したかたちになりました。

彼らとの出会いは、２０１９年7月9日。この日は、東京の汐留で、全国の放送局の方々を集めて、ラグビーワールドカップの魅力を語るという共同通信主催の会に招かれ、スピーチをすることになっていました。その会の前に、清宮さんの紹介のもと、ランチをしながら「はじめまして」の挨拶と、私とラグビーのかかわりなどを話しました。

日本のラグビーをよくしたい、そのために新しいことを始めようという若い人たちの熱量を感じ、頼もしく思ったのを覚えています。その場で、ラグビーは競技を通じて社会課題の解決に取り組むべきであるなどと語ったところ、7月28日に行われるシンポジウムにぜひ登壇してほしいという話になりました。

それが、東京・大手町の日経ホールで開かれた「日本ラグビーの未来」と題するシンポジウムでした。司会進行はスポーツジャーナリストの二宮清純《にのみやせいじゅん》さん。清宮さんや境田さんとともにパネリストとして参加した私は、ラグビーにおけるＳＤＧｓ（さまざまな社会問題を解決するための持続可能な開発目標）について語ったのです。そしてシンポジウム後には、ラグビートップリーグのプロ化について記者会見も行われました。

シンポジウム終了後、清宮さんから誘われた打ち上げの席には、彼ら清宮さんの周りの若い衆に加え、記者会見にも参加された東京大学大学院の松尾《まつお》豊《ゆたか》教授や二宮清純さん、協会職員の瓜生靖治《うりゅうやすはる》さんなどがいました。

東京駅近くの高級ホテル「シャングリ・ラ」のレストランで、清宮さんやスタッフの方々から、私はラグビーのプロ化構想のざっくりしたビジョンを改めて聞きました。

彼らがプロ化を目指す背景として語ったのは、日本ラグビーの未来への危機感でした。

そこで話題になったのは、減少を続ける日本のラグビー選手登録者数でした。その時点でついに10万人を割って、約9万5000人。2015年のワールドカップで日本代表が強豪・南アフリカ相手に劇的な逆転勝利を収めた後も、その数は減少の一途とのことです。サッカーの選手登録者数が80万人以上ですから、その8分の1にも満たない数字です。

さらにラグビーが「1チーム15人」の選手が必要な大人数のスポーツであることも危機に拍車をかけます。これから日本の少子高齢化がさらに進むなか、はたして15人のメンバーが集まるのか。それぞれの体型や能力に応じてポジションがあるというのはラグビーのよいところではありますが、逆に言えば、それぞれの役割に応じた人を探してくる必要もあります。なんとか高校生を15人集めてきたとしても、全員がひょろひょろの子だったら「フォワードは誰がやるねん?」という話になります。

「これから先、もっとラグビー人口が減ってマーケットが小さくなると、スポーツショップでラグビー用品が買えなくなる日も近いんちゃう？」

私がそう言うと、若い皆さんも深刻な表情で大きく頷きました。

だからこそ、競技人口を底上げしていかなければならないと彼らは言います。そのためには観客、サポーターをはじめ「ラグビーに理解ある人々」を増やしていく必要があり、その努力は、今後、日本ラグビーが世界のトップレベルと渡り合っていくためにも重要だと。そして、そのために必要なのはプロ化一択であると。

人気・実力ともに世界ナンバーワンの「オールブラックス」を擁するニュージーランドの人口はわずか５００万人ほど。東京都の人口の半分程度でしかありません。

それでも圧倒的な強さを誇るのは、やはり国民の多くがラグビーをプレーし、理解し、サポートしているからです。かつて、日本のラグビー関係者がニュージーランドのある有名な選手に「日本を強くするにはどうすればいいか？」と聞いたところ、「それは簡単なことだよ。みんな5歳からラグビーをやればいいんだ」と答えたといいます。ラグビー文化が国に広く、深く根付いている点がニュージーランドの強さの理由なのでしょう。

サッカー、野球、バスケットボール、バレーボール……。日本には数多くのスポーツの選択肢があります。ニュージーランドや南アフリカ、オーストラリア、アイルランドといったラグビー強豪国と状況はかなり異なります。それでもラグビーを選んでもらうにはどうすればいいか真剣に考えなければならない。その第一歩として清宮さんは「子供たちに夢を与えるため、ラグビーの将来のため、プロ化は絶対必要だ」と考えていたのです。

私もラグビー場で育った女として、日本のラグビーが衰退していくのは忍びない。なにができるかわからへんけど、もしできることがあるなら力になりたいと思いました。

その顔合わせからしばらくして、8月に私に与えられたのは「ソーシャルイノベーション担当」という役割でした。カタカナでわかりにくいですが、要は「ラグビーを通じて社会貢献を実現し、社会におけるラグビーの役割を高めていく」ために活動してほしいということ。かつて活躍したスター選手でもなければ、深く協会にかかわったことがなく、人権やジェンダーを研究してきた私にとっては、それが唯一できることかもしれません。

それ以降、私はトップリーグの選手会主催の勉強会などで、LGBTQやジェンダーの問題などについてレクチャーするなど、啓蒙活動を行うことになりました。

同時に、前述した協会職員の瓜生さんとともに、トップリーグの全チームにSDGsの重要性を説き、リーグとして前向きに取り組んでいくことをお願いする企業行脚を開始しました。トップリーグにチームを持つ企業は、どこもSDGsに取り組んでおられます。そのためラグビー部だけでなく、企業のSDGs担当の方々ともお話しさせていただきました。この活動を通じて、チームの幹部の皆さんと面識ができ、話ができる環境を創り出していったのです。日本を代表する各企業が、ラグビーをプラットフォームにしてSDGsでコラボレーションできるのでは、と私は期待していました。

残念ながら、新型コロナ禍で、トップリーグの試合が無観客や観客制限になったため、スタジアムでSDGsの取り組みが実現したのはわずか数例でしたが、このときの動きはのちの新リーグにおける「社会課題の解決」という柱につながっていきます。

私がそのような活動を通して、プロ化を後方から地味に支える一方で、清宮さんや境田弁護士などチームの他のメンバーは積極的に動いていたようです。とくに境田弁護士はバスケットボールのBリーグ立ち上げの経験を活かし、スタッフたちを動かしながら、関係部署やトップリーグチームへの挨拶、スポンサー探しなどに動いていました。

私はその具体的な内容を把握していませんでしたが、チームのグループLINEに頻繁に活動報告が入ってきました。

「きょうは○○社の△△担当部長、□□社の××常務に挨拶してきました」

「今日は○○議員とお話しして、協力に前向きな言葉をいただきました」

というふうに。私は担当理事ではありながら、清宮さんのチームの動きを後方から眺めているだけに過ぎませんでした。

敵は協会内部にあり

当時、理事経験がないにもかかわらず協会副会長に抜擢された清宮さんは、ラグビー界において「改革の旗手」として大きな注目を集めていました。抜群の知名度を誇る清宮さんは、実行力もあり、政財界とのパイプもある方です。そのため、メディアも「ラグビー界の閉塞状況を変えてくれるかも」と期待していました。

しかしどうやら、清宮さんに対する世間の評価とラグビー協会内部での評価には少し温度差があるようでした。強気に改革を推し進める清宮・イノベーションプロジェクトチームには〝敵〟が多かったのです。

それに気がついたのは、2019年8月3日、花園ラグビー場で起こった「事件」のことが漏れ伝わってきたからでした。

この日は、翌月から始まるワールドカップ本戦を前に、パシフィックネーションズカップ・日本対トンガ戦が開催されました。この日、花園ラグビー場のVIPルームで、チームの中心として活動していた境田弁護士が、ラグビー協会事務局長の常深仲太《つねみのぶた》氏に激しく詰め寄ったというのです。その詳細は明らかにされていませんが、その根底には「事務局がチームの活動をことごとく邪魔している」と境田弁護士が不満を抱えていたことにあったようです。人事権も予算もないのに改革はできない、ということのようでした。

さらにそのあと、8月19日に開催されたトップリーグチーム対象の新プロリーグ勉強会でもイノベーションプロジェクトチームと、トップリーグ関係者、協会関係者の間で一悶着があったとの噂が流れてきました。

不穏な雰囲気はワールドカップ2019が開幕しても続きました。

私は9月21日、札幌ドームでのオーストラリア対フィジー戦を観戦しました。私のチケットは北海道ラグビー協会の田尻稲雄会長が用意してくださったのですが、清宮さんや境田弁護士は日本ラグビー協会が用意したパスで観戦したのです。

それが協会内で大きな物議を醸しました。清宮さんや境田さんが使ったパスが、ワールドカップ組織委員会から日本協会にわずかしか発行されていない貴重なもので、それを協会の方々が問題視しているというのです。協会副会長の清宮さんはまだしも、なぜ理事になったばかりの境田さんが、それを使うことができるのか、と。

私は「なんで多くの人がここまで腹を立て、ワーワー言うほどの問題になっているんやろうか？」と疑問に思いました。そこで、北海道の試合会場で、境田さんに「そのパス、問題になっているみたいですね」と告げたのです。

しかし、境田さんは「え？　なんで？」とビックリした表情。パスの配布枚数が少ないことを伝えると、「あ？　そうなの？　知らなかった」と目を丸くしていました。どうやら、清宮さんが協会の担当者に要求したところ、このパスが清宮さんと境田さんに発行されたという経緯で、境田さんはそれが問題になるとはまったく思っていなかったようです。

境田さんにパスを発行することに差し障りがあるのなら、協会がきちんと発行できない根拠を告げ、断ればよかっただけのこと。それなのに、発行した側の責任を問わず、「あんなパスを使うなんて何てやつだ！」と批判をするのはお門違いというものです。

それでもラグビー協会というムラ社会に長く尽力されてきた方々には許しがたいことだったようですが、ならば陰口を言うのではなく直接面と向かって話せばいいのに。私にはまったく理解できませんでした。

「清宮宣言」で大紛糾

そして清宮さんら〝改革派〟と、ラグビー協会の〝守旧派〟の亀裂が決定的になったのが、9月30日に清宮さんが自民党議員の勉強会「東京五輪・パラリンピックのレガシーづくりに向けたプロジェクトチーム」の会合に出席したことでした。

清宮さんはこの場で、ラグビーのプロリーグ構想について「海外から多くの外国人選手を招聘する」「ワールドカップ２０１９の全国12会場に参加チームの本拠地を置く」などと語りました。

しかし、清宮さんはこの議連の会合への参加、報告内容について、他の協会関係者や理事たちにまったく相談や報告をしていなかったようなのです。私も報道で知って驚いたことを覚えています。イノベーションプロジェクトチームの一員である私ですらその状態なので、大半の理事もびっくりしていて、理事会は紛糾しました。

「副会長の独断で、公の場、しかも国会議員の前でそのような話をしていいのか」

「超党派の議連ならまだしも、特定の政党の勉強会というのはいかがなものか」

といった意見が、何人もの理事から出されました。

この頃、協会内でのイノベーションプロジェクトチームへの不満は頂点に達していました。その大きな理由は、チームが何をするにも独断専行してしまうためです。

たとえばイノベーションプロジェクトチームは、ラグビー協会の近くにある「日本スポーツ協会」（JSPO）の建物の一室を事務所として借りていました。

当然、賃料も発生するわけで、一部の理事や協会職員からは、

「なんでラグビー協会内の一部署が勝手に事務所を外に借りているのか」

「我々に知られたくないことがあるから外に借りるのか」

「清宮がどれだけ偉いのか知らんが、協会には協会のルールがある！」

といった不評が立つわけです。

すべて〝ラグビー協会ムラ〟の小さな話に聞こえてしまいますが、これらのブーイングを「改革の足を引っ張っている」と決めつけることはできません。チーム清宮はこういったことを理事会に事前に報告せず、正当な手続きを飛ばして進めていたわけですから。

たしかに改革をするうえでは、素早い判断や断固たる姿勢が必要でしょう。しかし、それと本来の基本的な手続きを飛ばすというのはまた別の問題です。場合によっては関係各所に根回しをする必要があるでしょう。正しい手続きのもと、協会内の方々に納得してもらわなければ、物事はうまく進みません。

後ろ盾は森喜朗

イノベーションプロジェクトチームに〝驕《おご》り〟とも取れる面があったことは、清宮さん抜擢の背景も関係しているかもしれません。

私や清宮さんが登用される2か月前の2019年4月、森喜朗・名誉会長（当時81歳）が突然辞任を発表します。同時に、岡村正会長（当時80歳）をはじめ、当時の副会長5人のうち70代だった4人が退きました。

日本ラグビー協会には「選任時に70歳以上の場合は理事になれない」という規定があります。しかしその一方で「理事会の承認があれば年齢に関係なく理事になれる」という特例もある、いわば〝ザル規定〟です。実際、岡村さんも森喜朗さんも70歳を過ぎても長く会長の座にありました。

しかしこのとき森喜朗さんは、名誉会長の立場を捨てて、他のお年寄りを引き連れ出ていったのです。それによって体制は刷新。協会幹部は大きく若返ることになりました。

九州ラグビー協会の会長で、日本協会副会長のなかで最も若かった森重隆さん（当時67歳）が会長職に就き、当時51歳の清宮さんが「改革の切り札」として副会長に抜擢、元日本代表で当時43歳だった岩渕健輔さんが専務理事となりました。

つまり、森喜朗さんの「鶴の一声」で若返りが図られたわけですが、清宮抜擢の後ろ盾となったのも、やはり森喜朗さんだったようなのです。

そう言えば、私がイノベーションプロジェクトチームの面々と顔を合わせた「打ち上げ」の席でも、いろいろな人の話に森喜朗さんの影はチラついていました。

「森喜朗さんはこのプロ化に関係しているんですか？」と清宮さんに聞くと、「なに言ってるの。今回僕らが理事になってプロ化が進められるのは森さんが長老を連れて一緒に辞めてくれたからだよ」との返事。つまり、高齢の森喜朗さんが改革には若返りが必要だと自ら身を引き、今後の改革の先導役を51歳の清宮さんに任せたということ。清宮さんは、森喜朗さんもプロ化を全面的に応援してくれていると話していました。

この話を聞いて、私は複雑な気持ちになりました。もちろん森喜朗さんのラグビー愛も、長く日本協会の会長・名誉会長を務めてワールドカップ招致に尽力したことも存じ上げています。自ら身を退いて若い世代に改革を任せようという森喜朗さんのお考えは素晴らしいけれど、森さんから託された改革の一翼を私が担うことに一抹の不安があったのです。

率直に言えば、森喜朗さんの数々の前時代的な発言に嫌悪感を持っていました。たとえば自民党少子化問題調査会長だった２００３年、以下の発言で批判を浴びています。

「子どもをたくさんつくった女性が将来、国が『ご苦労様でした』といって面倒見るっちゅうのが本来の福祉です。ところが子どももひとりもつくらない女性が、好き勝手とは言っちゃいかんけど、まさに自由を謳歌して楽しんで年とって、税金で面倒見なさいっちゅうのは本当はおかしいんですよ」

現代の女性が置かれた厳しい環境など、少子化の背景をまるで理解しておられない発言です。本来であれば、私はジェンダー論の専門家として、こういったトンチンカンな発言に鋭くツッコミを入れる立場。「それやのに、森喜朗さんの〝手先〟みたいになってしまってええんやろうか」――そんな思いがよぎりました（私の不安は、この後2021年2月3日に開かれた日本オリンピック委員会の臨時評議会で森喜朗さんが「女性がたくさん入っている理事会の会議は時間がかかります」という問題発言をしたことで現実のものとなります）。

清宮さんにとっては、絶大な権力を誇る森喜朗さんが後ろ盾であることは錦《にしき》の御旗《みはた》のようなもの。「改革のためのフリーパスをもらった」と考えて当然でしょう。

ただし、協会内に「反清宮」の勢力がいることも容易に想像できます。年功序列が幅を利かすタテ社会で、長老に抜擢された若手が改革の名のもとに権勢を振るう――それを快く思わない人たちが多いことも、多くの反発が起きている理由のひとつでした。

こちらはラグビー協会の内部で従順に生きてきたのに、森喜朗さんという長老に目をかけられた清宮さんが、〝下積み〟もしていないくせに我が物顔に振る舞っている。しかも彼には知名度もスター性も、政財界に広い人脈もある。そういうジェラシーを持っている人が多いことは、少なからず感じました。

この時期、反清宮派の協会関係者から異口同音に聞かれる〝悪口〟がありました。それは「あいつはジャパン（日本代表）になってないくせに」という言葉。

先ほどご紹介したように、清宮さんは学生時代も社会人になってからもトップ選手として活躍しています。しかし、アンダー23日本代表には選ばれたものの、フル代表に選出されることは引退までなかったのです。

代表に選ばれるかどうかには、運も大きく左右します。そのときの指導者や戦術との相性などの巡り合わせも大きい。代表経験やキャップ数が多いほど立派な人物というわけではありませんし、改革責任者として適当なわけではないでしょう。しかしラグビー協会ではそういった〝実績〟が妙に幅を利かすのです。

「男の嫉妬というのは怖いもんやな。嫉妬という言葉は、〝女へん〟じゃなくて〝男へん〟のほうがええんちゃうか」

逆風を受ける清宮さんを見て、私はつくづくそう感じました。

わずか4か月でチーム解消

様々なトラブルが重なり、2019年11月、鳴り物入りでスタートしたイノベーションプロジェクトチームは解消されることになります。発足からわずか4か月でした。

「あのチームに任せておくと、お金の使い道も定かではなくなる」との意見があり、会計報告などをさせたうえでのことでした。

もうひとつ大きかったのは、清宮さんが提唱した「オリジン12（トゥエルブ）」への反発でした。

「オリジン12」とは、ワールドカップ2019が開催された札幌、釜石、熊谷（埼玉）、東京、横浜、静岡、豊田（愛知）、大阪、神戸、福岡、大分、熊本の全国12都市に、それぞれを拠点とするプロチームをつくろうという構想です。

たとえば、サントリーは東京、パナソニックは埼玉・熊谷、神戸製鋼は神戸、トヨタは豊田、ヤマハは静岡、などといったかたちで有力チームを振り分け、それぞれのチームがその地域に根ざしていこうと。12都市にはプロチームの試合ができる立派なスタジアムがすでにあるわけですし、自治体にもワールドカップで代表チームを受け入れた実績がある。地域連携を促進する意味でも、なかなかポジティブなプランだったと思います。

しかし、実現には大きなハードルがありました。この計画を実現するためには、本拠地をこれまでのホームタウンから、まったく馴染みのない土地に移さなければいけないチームが出てきます。これは企業にとってはかなりのリスクで、難色を示される場合も少なくありませんでした。調整には、かなりの難航が予想されました。

加えて、当時は新型コロナの問題が起きる前。「新リーグ開幕は2020年の秋」と発表してしまっています。わずか1年ほどの期間でリーグの体裁を整えなければいけない。そこで清宮さんは、このプランに賛同を得られたチームだけでプロリーグを始めようと言い出したのです。

トップリーグチームはあくまで企業が母体。イノベーションプロジェクトチームから「オリジン12を受け入れてプロでやるのか、それともやらないのか」と詰め寄られても、社内での決済や株主総会を経ずに簡単にそのような重要な決断をすることはできないでしょう。

清宮さんの強引さと企業との間で追い込まれ、困っていたチームもあったようです。

清宮さんは本気で改革をしようと思っていたし、そのためにはトップダウンで一気にやるべきだとの思いがあったようです。境田弁護士はじめイノベーションプロジェクトチームは、それをサポートしようと頑張っていましたが、一方で清宮さんにはっきりと意見を言い、方向性を微調整したり、ときには引き留めようとする存在がいませんでした。

静岡「アザレア・スポーツクラブ」の立ち上げに関わった私は、清宮さんの求心力、実行力に感服していました。「この人なら、ラグビー協会の改革もうまくやれるんちゃうか」とも感じていました。しかしイノベーションプロジェクトチームが清宮さんの言われた通りにただその手足となって動く様子を見ていると、やはり強いリーダーにこそ冷静な参謀が必要なのだと気づいたのです。

私にはスポーツビジネスにかかわった実績がないので、彼らのプロジェクトの具体的な内容はわかりません。追いかけて必死に勉強している状況でした。しかし、その仕事の進め方を見ていると、違和感を持つことがたびたびありました。そのため、「それはやり過ぎちゃいますか」「順番が違うんやないですか」と苦言を呈することもありました。

すると、結果的に私だけが浮き始めたのです。「大将の清宮さんが〝やる〟と言っているのに、なんでアンタは口を挟むのか」という雰囲気ですね。

力のあるキャプテンがボールを持ってひとりで突っ走ってトライに持ち込めるのは、相手が弱いチームのときだけ。さすがにラグビー協会や大企業のチームが相手では、そうはいきません。そのためイノベーションプロジェクトチームの解消後、清宮さんは徐々にプロリーグ構想から外されるようになっていくのです。

ワールドカップ閉幕後の11月13日の理事会で、イノベーションプロジェクトチームの活動を引き継ぐ形で「新プロリーグ設立準備委員会」が発足します。

委員長は清宮さん。委員に弁護士の境田さん、元外務省の齋木尚子さん、サントリーの監督も務めた土田雅人《つちだまさと》さん（サントリービバレッジソリューション代表取締役社長）などの理事が名を連ね、私もその一員となりました。

イノベーションプロジェクトチームを解消した理由のひとつに「チーム側の意見も取り入れるべき」との話があったので、委員会にはチームの代表も入れることになりました。

当時のトップリーグ幹事チームであったキヤノン、神戸製鋼、トヨタ、東芝、パナソニック、ヤマハ発動機の6チームが選ばれます。この決定によって、企業チームの声が次第に大きくなり〝清宮外し〟が一気に進むことになります。

この時期、なかなか改革が思うようにいかないことで、清宮さんはかなり心を痛めていたようです。「もう俺は辞めるわ」とこぼすこともしばしば。私は清宮さんは大好きですし、相談相手であろうとしていましたが、ときにきつく当たることもありました。

「言い出しっぺのくせに何を弱気なこと言うてんねんな！　プロ化に私を巻き込んだのは清宮さんですやん！　辞めたいのは清宮さんやなくてこっちやわ」

清宮さんは言い返すでもなく、「そりゃそうだな」と落ち込んだ様子でした。「日本ラグビーの未来のために」と頑張っているのに、協会内に応援してくれる人はほとんどいない。会長の森重隆さんが改革に積極的でなく、助け船を出してくれないこともつらかったようです。もちろん清宮さんの手法に問題はあったにせよ、改革の大将に据えたのは協会であり、森重隆会長です。大事なところでは「清宮流」をサポートすべきだったと思います。

そして、「新プロリーグ設立準備委員会」の委員長だった清宮さんは、わずか1か月あまりで実権を持たないオブザーバーという肩書に代わりました。12月23日、新プロリーグ設立準備委員会は数が多くてまとまらないという理由からさらに小委員会が組織され、岩渕専務理事とキヤノンのゼネラルマネージャーだった永友洋司《ながともようじ》さんが共同委員長となり、土田理事と私のほかに森重隆・日本ラグビー協会会長も委員に加わりました。

清宮さんの懐刀としてイノベーションプロジェクトチームの中核だった境田弁護士の存在感も、この頃から急速に失われていきました。もともと境田さんはラグビー村の人ではないのに、清宮さんと同じように「自分がラグビー界を改革する」と意気込んでいた。古い体質のラグビー村では、「あいつは何様や、ラグビーも知らんくせに」「俺らはBリーグとは違う」と、清宮さん以上に疎まれていたのかもしれません。

第3章

神輿に担がれて「新リーグの顔」へ

ワールドカップの副反応

清宮さん率いるイノベーションプロジェクトチームがラグビー協会内で軋轢《あつれき》を起こしていたちょうどその時期、まさに開催されていたのがワールドカップ2019でした。アジア、そしてラグビー強豪国とされる「ティア1」以外で初めての開催となった同大会は、皆さんがご記憶のように大変盛り上がりました。大会通じての観客動員数はのべ170万4443人。1試合の平均観客数は3万7877人。とくに日本代表はアイルランド代表、スコットランド代表という強豪を破り、初のベスト8入りを果たしました。

日本代表ほか世界トップクラスの選手たちの活躍に日本人は熱狂し、ラグビーブームは社会現象となりました。「にわかファン」という流行語まで生まれたほどです。

なにより素晴らしかったのは、ラグビーの「多様性」を肌で理解していただけたこと。日本国籍を持つ選手だけでなく、さまざまなバックグラウンドを持った選手がチームのために献身する姿は、ラグビーの本質的な魅力を存分に伝えてくれたと思います。まさに大西先生が『闘争の倫理』に記したような、ラグビーの美しい姿がそこにありました。

もちろん、ラグビー協会の関係者にとっても、ここまでの大成功は想定外でした。開催前、「本当にできるんかいな」という心配があっても、ここまでのブームを巻き起こすとは誰も予想していなかったに違いありません。

いいことだらけに聞こえますが、一方でこの成功はラグビー協会内にある副反応を招きました。それは一言で言えば「根拠なき楽観論」です。

「見てみい、日本のラグビーはすごいやろ！　これで日本のラグビーは安泰やで」

といった雰囲気が、協会内に溢れていました。

それによって、それまで協会内で共有されていた、ラグビーの競技人口の減少、人気凋落、進まない次世代育成などといった懸念材料についての議論が吹き飛び、抜本的な対策を講じていないにもかかわらず「まぁ、どうにかなるんじゃないか」という妙な安心感が蔓延していたのです。実際、ワールドカップ後は関係者の間から「感動したわ～」「ジャパンはえらく強くなった！」「やっぱりラグビーはええやろ！」「これからはラグビーの時代や！」といったポジティブな声ばかりが出ていました。

「おっさんたち、甘いな～、ここで浮かれポンチになってどないすんねん」

と、私は内心感じていました。

確かにラグビーはブームになりました。しかし、それは「にわかファン」という流行語が示すように一時的なもの。ここでラグビーに興味を持ってくれた方々をいかに摑まえ、「本物のファン」になってもらうかが大事なのに、ここで浮かれていては話になりません。

実はラグビー協会は、4年前にも同様の失敗をしています。2015年のワールドカップイングランド大会では、日本代表が強豪国の南アフリカを破り「スポーツ史上最大の番狂わせ」と呼ばれました。五郎丸歩《ごろうまるあゆむ》選手のプレースキック前の印象的なルーティンを子供たちがこぞって真似したほど。しかし、それでもラグビーの競技人口は下降線をたどりました。ブームで摑んだ〝にわかファン〟をモノにできなかったのです。

このタイミングでさらなる改革を——と考えていた清宮さんは、多くのラグビー関係者が楽観論に支配されるなか、先見性があったと思います。しかし、多くの協会幹部は改革を積極的にサポートしようとせず、逆に清宮さんの動きを封じてしまった感があります。

しかし、協会関係者の多くが浮かれているなかで、私と同じように危機感を持ってくれる人もいました。専務理事の岩渕健輔さんです。

板挟みの岩渕専務理事

岩渕さんは、清宮さんが副会長になったのと同じタイミングで専務理事に抜擢された期待の若手です。神戸製鋼での現役時代は日本代表に選ばれ、2000年にはイングランドのプレミアシップ・ラグビーのサラセンズに入団。日本人初のプレミア出場を果たしました。指導者としては、男女7人制ラグビーの総監督も務めました。

岩渕さんは当時43歳。学年は早生まれの私よりひとつ下ですが、同じ1975年生まれです。森喜朗さんが自らの勇退とともに70代以上を協会役員から外したとはいえ、森重隆・会長の67歳を最年長に、当時の協会役員24名のうち半数の12名は60代。40代はわずか4名で、元女子プレーヤーの浅見敬子さん（当時42歳）、46歳の中竹竜二《なかたけりゅうじ》さん（元早稲田大学ラグビー蹴球部監督）と岩渕さんと私だけ。43歳の専務理事抜擢は異例中の異例と言えます。

つまり、岩渕さんは清宮さんとともに日本のラグビー改革を任された期待の星でした。しかし、改革へのアプローチは、清宮さんとだいぶ違っていたように思いました。清宮さんが改革の道をどんどん突き進むに従って、他の協会幹部や社会人チームとの軋轢は大きくなっていく。岩渕さんは、その間で板挟みになり、戸惑っておられるようにも見えました。もちろん、世界と戦う日本ラグビーをつくるために、改革は避けて通れないと岩渕さんも考えていたと思います。しかし、それ以前に内輪でギクシャクしていては話になりません。おそらく岩渕さんは、清宮さんに対して「なんできちんと根回ししないで強行するのか」と感じていたでしょうし、一方でチームや協会側には「もう少し協力的にやれないのか」と本音では思っていたでしょう。それは、清宮さんに近い存在でありながら、たびたび苦言を呈していた私と非常に近いスタンスだと感じました。

前述したように、清宮さんの後ろ盾は森喜朗さんです。イノベーションプロジェクトチームが改革のプロセスで壁にぶち当たると、そのたびに清宮さんは森喜朗さんに相談していたようでした。すると、岩渕さんは会長の森重隆さんと一緒に森喜朗さんのところに呼び出され、「清宮に協力しろ」とやられる。岩渕さんはそのあたりの調整を一手に任されていたので、立場としてはかなり難しいものがあったようです。

森重隆会長は面倒なことからは逃げ回り、若い岩渕さんには協会の面倒な仕事が全部振られてくる。しかも、東京五輪に向け男子の7人制代表ヘッドコーチもやっています。その激務ぶりは傍目にも大変そうで、当時の協会内では「岩渕には実は影武者が何人もいる」という冗談まで出ていたほどでした。

「なんでラグビー協会のお歴々は、頑張っている若手を支えようとせんのやろか」

私は見かねて、まだイノベーションプロジェクトチームがあった頃から、同世代の岩渕さんの相談に乗るようになり、困ったことがあったらできる限りの協力をするようになりました。やりとりをするうちに気付いたのですが、熱狂のうちにワールドカップが閉幕しても、岩渕さんはひたすらに危機感を募らせていました。

「日本代表がこの勢い、強さを今後もコンスタントに維持していくのは並大抵の努力では無理だ。これからが本当の戦いだ」——というようなことをおっしゃっていました。

そういった視点はやはり他の年配の協会関係者とは違っていたと思います。しかし現実は、もめてばかりの清宮さんと協会の間で板挟み。忸怩《じくじ》たる思いがあったと思います。岩渕さんとの会話からは、はっきりと口には出さないものの「敵の多い清宮さんがトップでは新プロリーグはまとまらない」という本音も伝わってきました。

法人準備室長

そんな岩渕さんが、イノベーションプロジェクトチームを引き継いだ「新プロリーグ設立準備委員会」で、清宮さんに代わって12月からトップ（共同委員長）になりました。この人事は私にも大きな変化をもたらしました。

年が明けたばかりの2020年1月6日、新プロリーグ設立準備委員会の会議終了後、岩渕さんに呼び出され、「新リーグのトップになってくれないか」という話が出たのです。

「あぁ、やっぱり来たか……」

このオファーには伏線がありました。年末ごろ、私と岩渕さんで新プロリーグの今後について議論したとき、「誰が今後の責任者になるべきか」という話題が出たのです。

新プロリーグ設立準備委員会のトップは岩渕さんですから、順当に考えれば岩渕さんが適任です。しかし、協会専務理事や新たに任命されたばかりのワールドラグビー理事の仕事もあるし、東京五輪に向け男子7人制代表チームのヘッドコーチもやらなければいけない。これ以上のオーバーワークは、とてもじゃないけれど無理でしょう。

一方で、これまで新プロリーグのために先頭を切って奔走してきたのは清宮さんです。たとえオブザーバーという立場になっても、清宮さんほどの功労者はいませんし、協会副会長として大きな発言力も持っておられます。その意向は決して無視できません。

「協会のみなさんも、清宮さんも納得する人選というと、なかなか難しいですね」

私がそう言うと、岩渕さんは私の顔をじっと見てこう返したのです。

「いるじゃないですか、ここに！」

そのとき、私は「そんなん無理無理、いまでさえ大変やのに」と取り合いませんでしたが、「もしかしたらそんなオファーをされる可能性はある？　いやないな」という思いが交錯する年末年始を送っていたのです。

ラグビー協会では、なにかを頼むと言われて心づもりをしていても、いつの間にかその話がなくなっているということもしばしばでした。ですから、岩渕さんからの打診も、「まあ、そう言ってるだけやろうな」と話半分で、「そんなん、無理に決まってますやんか！」と軽くかわしていました。すると、ジャパンラグビートップリーグのチェアマンであり、協会のトップリーグ部部長である太田《おおた》治《おさむ》さんから連絡がきて、「相談したいことがあるので、小委員会の前日に東京に来てくれないか」と伝えられたのです。

次の小委員会は2020年1月13日。そこで1月12日に東京へ向かったところ、待ち合わせの赤坂見附のホテルには、太田さんと、協会トップリーグ部部員の山岸至《やまぎしいたる》さん、そして小委員会のメンバーであるトップリーグの関係者が6名ほどおられました。

そこにいた全員が、日本トップクラスの元ラガーマン。フォワード出身者が多く、中年になってもみなさん大きく、スクラムと対峙しているかのような威圧感を感じました。そして、彼らが口をそろえて言うのです。

「谷口さん、新リーグのトップになってほしい」

「俺らが担いだ神輿《みこし》に乗ってほしい。上に立ってくれ」

「なんでもサポートするし、なにがあってもあなたを必ず守るから」

年末年始の間に、岩渕さんや森重隆さん、太田さんや協会幹部と彼らの間でどのような話が交わされていたのかはよくわかりません。しかし、彼らは私に「新リーグの責任者になってほしい」と言ってきたのです。

そこに集まっていた面々は、これまでの経緯から考えても「反清宮」の色合いが濃いメンバーでした。彼らは清宮さんには従いたくない。できれば清宮さんには出ていってほしいけれど、協会副会長でもあるし、そう簡単にはいかない。一方で、彼らもラグビー界の改革は必要だと思っている。各チームの代表として委員会に参加している以上、新プロリーグ構想をやすやすと頓挫《とんざ》させるわけにはいきません。そういう思惑から、清宮さんと話ができるけれど協会とのバランスも取れそうな私を担ぎ上げたいと考えたのでしょう。

そもそも私はラグビー村の外からやってきた〝部外者〟でしかありません。本来ならば、日本ラグビー界の命運を左右する新プロリーグを引っ張る適任者は〝当事者〟であるラグビー協会内部の方だと考えていました。しかしそう話しても、彼らは「協会内に適任者はいない」と言うのです。

さらに翌日の小委員会が始まる前、清宮さんから、日本ラグビー協会内の会長室に呼び出されました。部屋には岩渕さんもいて、清宮さんは私にこう告げました。

「プロ化構想は、少し形を変えることになった。俺はお金を引っ張ってくるから、真由美はチームの意見をまとめていってくれ。頼む」

「いや、無理です」と断りましたが、清宮さんは「そうすることで進むんだ」と。横にいる岩渕さんはニコニコしているし、「ああ、これホンマにもう逃げられへんねんな……」と、とどめを刺された気分で小委員会に臨みました。

そのような経緯があって、2020年1月15日の理事会で「新プロリーグ設立準備委員会」は「新リーグ準備室」に改編。正式に新リーグ発足が承認されました。

新リーグ準備室は「法人準備室」と「マーケティング会社準備室」から成り、それぞれの室長に私・谷口真由美と清宮さんが就くこととなったのです。

これは私の想像でしかありませんが、いったんは外されたかたちの清宮さんがマーケティング会社準備室長となったのは、さまざまな配慮があってのことだと思います。

私がここまで話してきたような協会内のトラブルや軋轢は、あくまでも「内輪」の話。ラグビー協会の「コップの中の嵐」でしかないわけです。しかし、もし世間から「改革の切り札」と目されていた清宮さんが、突然新リーグの部署からすべて外れるとなれば、マスコミも放っておかないでしょう。「清宮改革敗れたり」とか「ラグビー協会内で内紛勃発！」と騒ぎ立てられる可能性もある。それに、清宮さんのやり方に多少強引なところはあったにしても、ラグビー界の未来のため誰より必死で動いた功労者であるのは間違いありません。清宮さんを世間的に傷付けてはいけないという意図があったのかもしれません。

「清宮派」の再集結

清宮さんの「マーケティング会社準備室」は、新リーグのスポンサーを見つけてくるなど、資金調達に関わる仕事がメイン。一方、私の「法人準備室」は、新リーグを運営する法人の立ち上げ準備を担当。新リーグの制度設計も重要な仕事です。清宮さんからは「お金のことは俺に任せて、そちらはチームと向き合ってくれ」と言われていましたので、清宮さんは自分の得意な部分に専念し、苦手な部分を私が引き受けたと言えます。

これまで話してきたように、トップリーグの一部には「清宮さんには絶対に従いたくない」と考えている勢力がありました。清宮さんが後ろに退き、私が窓口となることで、プロリーグ化に向けて円滑に交渉を進めたいという狙いです。

ただし、両部門の仕事は完全に切り離せるわけではありません。リーグの制度設計が決まらなければ、スポンサーもおいそれとお金を出せませんし、どれくらいお金が集まるかによって、新リーグのあり方も変わってくる。現実的には両者がしっかり話し合わなければなにも進まないわけです。ですので、一部門のトップに封じられたけれども、清宮さんは「実際は俺が中心になって進めていく」と考えていたのではないかと感じました。

その思惑は、「マーケティング会社準備室」のメンバー構成にも表れていました。

そこにいたのは「イノベーションプロジェクトチーム」として前章で紹介した、境田弁護士、野田さん、小塩弁護士、元電通の椛沢さんといった面々です。加えて、電通グローバルスポーツ局国際ラグビー業務部の坂上勇輔《さかがみゆうすけ》ＧＭなども入っている。ざっくり言ってしまえば「清宮派＋電通」で固められたメンバーです。ラグビー協会の〝プロパー〟と呼べる人はほとんどおらず、私はまた、少し不安になりました。

「これって、ラグビー協会の〝反清宮派〟の人たちから『勝手に話を進めるな』と煙たがられたメンバーやないの……。これでホンマにうまくいくんかいな……」――と。

しかし私の懸念をよそに、清宮さんは「彼らみたいに優秀な人たちは、協会内にはいないだろう」という雰囲気。不安はますます強まりました。

もう「ボランティア」の範疇外

一方、「法人準備室」は私と瓜生靖治さんのふたりだけ。瓜生さんは当時39歳。福岡県立小倉高校在学中にはU－19日本代表に選出。慶應義塾大学でも活躍し、社会人ではサントリー、神戸製鋼、リコー、キヤノンに在籍。日本代表にも選ばれています。

瓜生さんは優秀な方ですが、協会職員でトップリーグ部を兼務。新リーグの制度設計という大仕事を担うのが「ふたり」というのは少なすぎる。案の定、1月から私は〝超〟がつく激務をこなさなければならなくなりました。

新リーグについての広報活動の窓口は「法人準備室」が担います。たとえば「新しいリーグはどうなるのか」というマスコミからの取材には、私たちが答えていく必要がある。

私自身が「プロ化」に対する協会の考え方、本気度を測りかねているのに、その意義や青写真みたいなものを対外的にアナウンスしていかなければならないわけです。「そんなん知らんわ」「わかる人に聞いて」というわけにはいきません。

「とにかく神輿に乗ってくれ」と頼み込んできた人たちも、こちらが責任者になってしまうとまったく頼りになりません。私が準備室長に就いたとたん、チーム側も「新リーグをどうするんですか？」と私に聞いてくる。

本音は「いやいや、皆さんこそどうしたいんですか？」とこっちが聞きたいくらいでしたが、それは言えません。まず新リーグの意義や目標などをきちんと構築することが急務でした。しかし、そのためには、ラグビー協会と新リーグの「現状」を把握しなければならない。その情報の精査に多くの時間が必要でした。

ちなみに理事就任以降、私はラグビー協会のすべての仕事を「ボランティア」で行っていました。協会から支払われていたのは、東京―大阪間の交通費と、上限1万円の宿泊費のみです。さらに準備室長の仕事が忙しく、他の仕事も極力セーブしなければならない。前年に契約を済ませていた大阪芸術大学客員准教授としての週4回の講義、大阪大学非常勤講師の週1回の講義を残し、テレビ・ラジオ出演や講演など他の仕事を断らねば追いつかない状況になっていました。マスコミのレギュラーも2020年3月ですべてやめさせてほしいと申し出ました。

この頃は本当に息つく間もなく、早朝に大阪でレギュラー番組に出演し、昼に沖縄で講演、夜に東京のラグビー協会で会議というような日もありました。

しかし、これでは生活が立ちゆかなくなってしまいます。そのため2020年4月からは、協会からの業務委託という形で報酬を出してもらうことにしたのです。

協会内の一部からは「なんで理事に金を払う必要があるんだ」という批判も上がったと聞いています。しかし、それはあくまでも〝ラグビー村〟のなかだけで通用する理屈でしょう。私はかつての収入を維持できなくなったうえ、ラグビー新プロリーグ創設というとんでもなくややこしい話を処理していかなければならなくなったのです。ボランティア精神だけでそこに全力を捧げることはとうてい無理でした。

「一般社団法人ジャパンラグビートップリーグ」

このような経緯で私は新プロリーグ創設の仕事に専念していくことになります。現状を精査するなかで、大きな問題点が浮かび上がってきました。それは「一般社団法人ジャパンラグビートップリーグ」（JRTL）についてです。

改めて確認しておくと、私の仕事は「新プロリーグを運営する法人を新たに立ち上げること」です。しかし現実には、私や清宮さんが理事として加わる1年以上前に、「新プロリーグを運営する法人」が設立されていたのです。それがＪＲＴＬでした。協会は当時、「トップリーグネクスト」という名称で新リーグを作ろうとしており、現行のトップリーグの各チームをはじめ、計25チームが加盟していたのです。

本来、このようなプロリーグを立ち上げる場合、まったく新しい法人を作り、「十分な収容人数があるスタジアムが確保できるか」「チームに地域名を入れられるか」「本拠地となる自治体との連携はできているか」など、諸々の厳しい条件を満たしたチームが加盟を許されます。サッカーのＪリーグも、バスケットボールのＢリーグもそうでした。

ラグビー新リーグもそれに倣《なら》って、できればまず「基本方針」を作ってから加盟チームを募りたいところ。見切り発車でスタートしたＪＲＴＬをいったん解散して、新法人を作り直すという選択肢もあると私は考えました。

しかし解散には大きな障壁がありました。加盟チームはすでに入会金として3年間をかけて１５００万円を支払っており、法人はすでにその資金の一部を使ってしまっていたのです。トップリーグネクスト構想を外部のコンサルティング会社に依頼する費用や人件費などにあてられていました。解散すればチームから「これまで払っていたお金は何だったのか」「協会の都合でＪＲＴＬを作っておいて別のプランになったから新法人にするとは何事だ」となることは必至。一方で、お金をチームに戻すこともできないと言われました。理由は返金をされても企業の会計上、戻すところがないというのです。

ちなみに、清宮さんが副会長として新プロリーグの立ち上げを提唱した当初、「この法人を清算すべきではないか」と声をあげたようです。しかし、うまくいかなかった。協会内部や一部チームから清宮さんのやり方に反発があった背景には、そういった事情もあるのかもしれません。

25チームは「外せない」

すでに大きなお金が動いていた一方でＪＲＴＬの実態はかなり杜撰《ずさん》なものでした。

ＪＲＴＬは「公益財団法人日本ラグビーフットボール協会」（ラグビー協会）の加盟団体ではなく、書類上、法的な関係性も明確ではありません。しかしその一方でＪＲＴＬの登記上の住所はラグビー協会と同じになっている。そこは、ラグビー協会の所有ではなく「独立行政法人日本スポーツ振興センター」の建物で、日本ラグビー協会も賃料を支払っています。当然、別法人であるＪＲＴＬも別個に賃料を支払わなければならないはずですが、そういったところが曖昧だったのです。また、企業からトップリーグに出向している職員の給与の一部がここからも支払われたり、ＪＲＴＬで雇用している人がラグビー協会のトップリーグ部職員として働いているなど、組織としてありえない実態がありました。

なぜ私がこのような細かいところにこだわるか――それには大きな理由があります。

そもそも、１９８７年に国際ラグビーフットボール評議会（ＩＲＦＢ。現・ワールドラグビー）から認められ、日本で公式戦を行う興行権を持っているのは「公益財団法人日本ラグビーフットボール協会」だけなのです。つまり、新しいリーグの運営母体となる団体がラグビーの興行をするには、ラグビー協会から主管権を委譲してもらう必要があるわけです。

ラグビー協会と明確な法的関係性のない一般社団法人に簡単にその権利を渡していいのか――という問題も当然出てきます。今後、ＪＲＴＬが、新リーグの運営母体となるならば、その点をクリアにしておくことは絶対条件でしょう。

私は解散も視野に入れるべきと考えていましたが、過去の失策の責任を問われたくない協会にとってＪＲＴＬを残すことは〝決定事項〟のようでした。

５月にＪＲＴＬの代表理事（当時）の太田治さんから連絡があり、「新リーグの母体はＪＲＴＬとしてほしい。代表理事が新リーグのチェアマンになる可能性が高い。だから谷口さんには私に代わって代表理事になってほしい」と告げられたのです。

ＪＲＴＬの存続が、日本ラグビー界にとって最良の道かどうかはわかりません。それにこの法人がこれまで使ってきたお金についてきちんと精算する必要があるとも考えていた私は、代表理事への就任要請は保留しました（3か月後の8月に理事に就任）。

さまざまな問題を抱えたＪＲＴＬではありましたが、現実的にはこの法人を残しての新リーグ立ち上げしかプロ化への道は残されていませんでした。

これまで日本のプロスポーツリーグの立ち上げの際には、「チームがリーグの新法人に加盟できるか」という審査が行われてきました。しかし、ラグビーの新リーグはすでに25チームがリーグの母体となる法人に加盟済み。これは先行事例のないケースでした。さらに、25チームが総当たりで戦うことも、現実的に難しい。つまりＪリーグにおけるＪ1、Ｊ2のような上位・下位リーグの「ディビジョン分け」が必要になってきます。

このあと、私にはそこから生じる難題が次々と降りかかってくるのです。

第4章

「チーム審査」と大義

新リーグの絶対条件は「地元密着」

法人準備室の激務で心身ともにすり減っていく私の支えになってくださったのが、冒頭の対談にもご登場いただいた日本サッカー協会キャプテンの川淵三郎さんです。

川淵さんと知り合ったのは、新リーグ法人準備室長になった際、土田理事が岩渕専務理事らとともにご挨拶に連れていってくださったのがきっかけでした。それ以来、川淵さんは何かと私を気遣ってくださり、さまざまなアドバイスを頂戴しました。

川淵さんの助言は、いつも一貫していました。それは「悩んだら常に『大義は何か』に立ち戻れ」。つまり、その場しのぎで安易な方向に流れるのではなく、「10年後、20年後の日本ラグビー界を考えた選択をしろ」ということです。

「大義とは何か」――私は常にこの言葉を胸に刻んで、その後のラグビー新リーグの仕事に取り組んできました。それは、なぜ日本ラグビー協会が新たなプロリーグを作らなければならないのか、を真剣に考えるということと同義です。

ここで、新リーグの前身となるトップリーグ（ジャパンラグビートップリーグ）について簡単に説明しておきましょう。

トップリーグは2003年からスタートし、20年近い歴史があります。かつては東日本、関西、西日本の各地域リーグに分かれて試合を行っていましたが、全国の強豪社会人チームを集結させ、より高レベルな試合を増やすことで日本ラグビーを活性化しようという狙いがあり、創設されました。

とくに2017年からは実質2部リーグ制とし、1部にあたる「トップリーグ」が16チーム、2部にあたる「チャレンジリーグ」が9チーム。2021年の「トップリーグ」所属チームは、パナソニック　ワイルドナイツ、サントリーサンゴリアス、クボタスピアーズ、トヨタ自動車ヴェルブリッツ、NTTドコモレッドハリケーンズ、キヤノンイーグルス、神戸製鋼コベルコスティーラーズ、リコーブラックラムズ、東芝ブレイブルーパス、ヤマハ発動機ジュビロ、NECグリーンロケッツ、NTTコミュニケーションズシャイニングアークス、日野レッドドルフィンズ、Honda HEAT、三菱重工相模原ダイナボアーズ、宗像サニックスブルース。「チャレンジリーグ」所属は、近鉄ライナーズ、コカ・コーラレッドスパークス、清水建設ブルーシャークス、豊田自動織機シャトルズ、釜石シーウェイブＲＦＣ、栗田工業ウォーターガッシュ、九州電力キューデンヴォルテクス、マツダブルーズーマーズ、中国電力レッドレグリオンズといった顔ぶれです。

トップリーグは、この約20年で狙い通り日本ラグビー界の活性化に大きく貢献したと思います。シーズン開催時期の異なる南半球から多くのトップ選手を招いたことは、リーグや日本代表のレベルアップにつながりました。２０１５年と２０１９年のワールドカップで日本代表が大躍進したことは、その最大の成果と言えるでしょう。

しかし、どこまでラグビー文化を国民に根付かせることができたかと言えば、その効果は限定的だったかもしれません。トップリーグの１開催平均の入場者数は、ラグビーブームに沸いた２０１９年を除き、この10年ほどは４０００〜６０００人程度で推移しています。お世辞にも盛況とは言えない数字です。本来、トップリーグと各チームは集客力を上げるため、さまざまな策を講じるべきです。しかし客観的に見て、ファン層を拡大する努力が積極的に行われていたとは言えませんでした。

これは構造的な問題によるところが大きいでしょう。トップリーグの場合、試合を開催してチケット収入を管理するのは日本ラグビー協会です。つまりどんなにスタンドに観客が入っても、たとえ閑古鳥《かんこどり》でも、チーム経営にとっては大した影響がないわけです。

一方、各チームの経営は親会社に依存しており、「赤字を気にしない体質」が蔓延しています。企業は「チームは会社の福利厚生活動の一環」「社員間の士気高揚や一体感を醸成することが目的」と考えており、スタンドは社内の関係者で埋めればよく、社外のファン獲得まで目が向いていなかったのです。

それではファンが「スタンドで応援したい！」と思うような魅力あるチームになるはずがありません。観客動員が頭打ちなのは、ある意味当然と言えます。

そこで我々は、ホームゲームの観客動員がそのチームの収益となるシステムをつくり、チームと地元のホームタウン両方が活性化していく——そのような「プロリーグ」として当たり前のシステムを作っていく必要があると考えたのです。

また、プロ契約の選手も増えてきましたが、トップリーグでは依然、アマチュアの選手が多くを占めています。つまり会社員としてサラリーをもらい、営業や事務などの業務を持ちながらラグビー部に参加している選手が中心なのです。２０１８年の段階でトップリーグにおけるプロと社員の割合はだいたい半々でした。

もちろん会社員として給料をもらえるのは、選手にとってメリットも大きいでしょう。引退後も会社員として引き続き仕事ができますし、生活の安定を求めるならそちらのほうがいいという考え方もあります。しかし、よりレベルの高いラグビーを目指すのであれば「別に本業を持ちながら」では限界があるのも事実です。

我々がなぜ「プロ化」の実現と「新リーグ」を目指すのか——その目的は「ラグビーファンを増やして競技者人口の拡大につながるような魅力的なチームを各地に作り、事業として成立させながら地域に根ざしていくこと」です。

そのためには、これまでのような企業に依存したチームではなく、事業力と競技力、そして社会力の三つを持ち合わせたチームを擁するリーグでなければならない。これが我々の目指す「大義」です。

「社会力」とは、言い換えれば「地元社会に根付き、そこに住む人々の幸せに貢献すること」です。スタジアムのような公共施設を、なぜラグビーが優先的に使わせてもらえるのか、我々は社会に何か返せるものがあるのか。そういうことを常に考えなければ、傲慢なスポーツになりかねません。ＪリーグやＢリーグが地元で愛されるチームを目指したように、ラグビーの新リーグも「地元密着型」であるべきだと考えたのです。

「参入要件の骨子」に示した大義

そのような考え方のもと、2020年1月28日、私は新リーグ法人準備室長として「2021年秋開幕の新リーグに関する参入要件の骨子」を発表しました（リーグ開幕は、新型コロナウイルスの影響により、その後2022年1月の開幕を目指すことに変更）。

そのときの発表資料を一部抜粋いたします。

新リーグは、JRFU（日本ラグビーフットボール協会）が掲げる、「ワールドカップを再招致し、代表が優勝する」という目標を達成するために、国内リーグを発展的に再編することといたしました。これにより、少子高齢社会にあって減少し続けるラグビー人口を増やし裾野を広げることや、代表の強化にもつながることを視野に、日本ラグビー発展のためのあらゆる可能性を模索していく所存です。それは、これまでのファンの皆さまはもとより、地域を持つことにより地域の皆様にも愛してもらい、ラグビーが社会にあってよかったと思ってもらえるようなラグビーのカタチを模索していくことでもあります。現段階では骨子ですが、関係各所とも協議の上、丁寧に豪胆に中身を詰めてまいりますので、いろんなことが決まり次第、お伝えしてまいります。
日本でのワールドカップ開催により、高まっているラグビー熱を冷まさないようにしつつ、さらにワクワクするようなリーグを創っていきます。引き続き、日本ラグビーにご注目くださいますよう、また、ご支援を賜りますよう、お願い申し上げます。

【骨子】

1．運営機能

■各参加団体は事業機能を持つこと。

■事業機能とは、チーム運営・収益事業すべての責任者となる事業責任者の設置、収支の透明化、主催興行（収益事業）体制の整備を言う。

■事業計画の策定をすること。

■対象となる参加団体はトップリーグ、トップチャレンジリーグの所属に限らず、新リーグは企業チーム以外にも門戸を開く。

2．チーム名称

■チーム名に地域名を取り入れること。

■企業名をチーム名に入れることについては任意とする。

3．ホームエリア

■2021年シーズンからのホームエリアを決定すること。

4．スタジアム

■2021年シーズンにホームゲームを開催できるスタジアムを確保すること。

■ホームエリア内にある複数のスタジアムをホームスタジアムとすることを認める。

■1部リーグは1試合当たり15000人の観客動員を目指す。

■リーグ目標である1試合当たり15000人の観客動員に鑑み、2023年シーズンまでに15000人以上収容のスタジアムを確保できるよう、日本ラグビー協会、リーグ運営法人、チーム3者で努力する。

■2021年、2022年シーズンにおいてホームエリア内での試合開催が困難である場合、国内の優先使用できるラグビー場など、別会場での開催を認める方向でリーグ運営法人と調整を行う。

■各参加団体がスタジアムを確保するために、リーグ運営法人・協会があらゆる側面で支援する。

5．事業運営

■チーム事務局、財務担当、競技・イベント運営担当、広報担当、営業・マーケティング担当者をそれぞれ設置すること。

重要事項1：新リーグ1部・2部の要件について

■新リーグは、入会要件充足状況に基づき、新リーグ1部（10±2チーム）、2部（10±2チーム）、場合によっては3部の要件審査を行う。

■ディビジョン数、各ディビジョンのチーム数は、リーグへの参入意思表明、参入計画、ならびに審査状況に鑑みて確定する。

■本入会要件を充足が困難なチームについては、下部のリーグ（2部制の場合2部）に所属

することを条件に、一部の参入要件の充足を求めないことを、リーグとして判断する場合がある。

チームとして収益を維持し、地域に根ざす――これまで話してきた「新リーグの大義」をコンパクトにまとめたものが、私が各所へのヒアリングをもとに作成したこの骨子です。そのため少々長くなりましたが、引用させていただきました。

のちに新リーグの「ディビジョン分け」が大きな話題になったため誤解されてしまいがちですが、この審査は「振り分けありき」でスタートしたものではありません。あくまでも、新リーグの意義を理解し、実行してもらうことが第一の狙いでした。そのためこの段階では、1部リーグに何チーム入るのかも確定していません。その一方で1部リーグに入るためには、1万5000人規模のスタジアムを持つ必要があること、地域に根ざすこと、チームの運営体制を万全にする必要があることも明示しています。これは理事会の承認を得て、各チームにも説明しました。

685点満点の書面審査

我々は、この骨子をもとに「一般社団法人ジャパンラグビートップリーグ」に加盟する25チームを中心に、新リーグ参入を希望するチーム対象の審査を行うと通達しました。

まず5月のゴールデンウイーク明けに、各チームの担当者に30項目以上にわたる審査基準と、その配点比率を明示して説明を行いました。

ここでその詳細を解説することは避けますが、重要なのは「審査基準は戦績だけではない」ということと、「書面審査である」ということです。当初は実地審査も予定されていましたが、コロナ禍によりできなくなりました。審査のやり方など変更点については、その都度理事会の承認をえて、チームにも伝えていきました。

前述したように、評価の柱は「事業力」「競技力」「社会力」です。「競技力」は数ある指標の一部分にしか過ぎません。

これはどういうことか――。「あのチームは前リーグでいつも優勝候補に名を連ねる強豪である」とか「有名な外国人選手をスカウトしている」と評価の高い有名チームであっても、他の「事業力」「社会力」に関する審査基準を疎かにすれば、よい審査結果が得られないということです。

そもそも、戦績のみで審査するのであれば以前のトップリーグを継承するだけの話になってしまいます。しかし、我々が目指すのはこれまでの枠組みを廃し、地域に根ざした自前で経営できるチームを作ること。競技以外の面も踏まえて審査基準としなければ、そもそも新リーグにする意味すらないわけです。そこで「1万5000人規模のスタジアム確保」から、「チームのファンクラブの開設の有無」「次世代養成のためのアカデミーやラグビー教室の有無」など、さまざまな項目を加味しました。それは現状だけでなく、将来的な計画があるかどうかも含めての判断です。

1部リーグとなるか、2部リーグとなるかは集客・チーム経営にも大きく影響します。公平を期すため、その評価基準はできるだけ詳細に示すことにしました。

まず、約30項目それぞれの評価をS・A・B・Cの4段階にランク分けし、さらに細かく点数化。685点満点で詳細が可視化できるようにしたのです。ラグビー界の人間ではない私が審査基準をすべて決められるはずはなく、協会のトップリーグ部のみなさんが原案作成したものを、協議しながら決めました。

それらの評価は、各チームから提出されたレポートをもとに行います。これは各チームを同条件で比較し、審査の客観性・公平性を保つうえで非常に重要なことだと考えました。極論を言えば、チームの実情がどんなに素晴らしくてもレポートが白紙提出なら「0点」ということ。レポート作成を真摯に行わなければ、正当な評価を受けることはできません。

なかには「詳細なレポートを作成するには人が足りない」「ラグビーに詳しい人間はいても、レポート作成に慣れた人材はいない」という不満も聞かれました。しかし、理想的なチーム運営をしていくには、前述の骨子で示したように「事務局」「財務」「競技・イベント運営」「広報」「営業・マーケティング」などさまざまな機能を持つことが必要です。

レポート作成に十分な人材を割けないというのは、そのチームにそういった総合的なヒューマンパワーがないということを意味します。強いチーム、お客を集めることができるチームには、実力ある選手のみならず、優秀なスタッフが必要です。リーグ全体の成功を考えれば、それは非常に重要なことでした。

記事の切り抜きだけを提出した企業

審査対象となるレポートの提出期限は、2020年6月末に設定しました。2か月足らずのなかでレポートを仕上げなければならないわけですから、各チームの負担は大変なものがあったと思います。そのため私は5～6月の間、各チームにヒアリングしながら、多くの質問を受け付けました。

「この審査基準に応えるには、どういった書類が必要ですか？」

「地域との交流を説明するには、どのようなデータがあるといいでしょうか？」

そういった問い合わせに、私はできる限り真摯に回答してきたつもりです。

やりとりをするなかで、「このチームはどうも理解が浅いんちゃうかな」と感じることがあった場合は、再度詳しく審査内容や基準について説明したりもしました。

先ほどお話ししたように、この審査の目的はけっして「ディビジョン分け」ではありません。あくまで新リーグについての理解を深めてもらい、ランキング上位を目指すことで新リーグにふさわしいチームになってほしいということ。ですので、審査を始めるときに

「わからへんことがあったら何でも聞いてくださいね」とお話ししましたし、チームから問い合わせがあった場合は、できる限り丁寧に対応したのです。

しかし、審査を受ける側のチームの熱量には大きな差がありました。意欲のあるチームは「もっといいレポートにしたい」と何度も質問を重ねてきましたが、締め切り間際までほとんど連絡をしてこないチームもありました。

そうして届いたレポートを見ると、やはりその出来映えはチームによって大きな差が生じていました。

こちらにさまざまな質問や問い合わせをしてきたチームは、各審査項目についてデータや分析を交え、詳細な報告を上げてきていました。中には、建設予定のスタジアムのパース図とともに、周囲の「ラグビータウン化」を目指す立派な計画書を提出したチームもあります。

一方で「やっつけ仕事」としか思えないレポートも散見されました。

たとえば、段ボール2箱分の書類を「資料だ」と送りつけてくるチームもありました。明らかに、どれが必要な資料か、不要な資料かを自分たちで判別せず、手当たり次第にかき集めたものをただ詰め込んでいるだけ。

「こんなにぎょうさんある資料を、私に全部読めというんかぁ……」

ウンザリしながら膨大な資料を確認していると、そんなにたくさん送ってきたにもかかわらず、必ず添付しなければならない肝心な資料がなかったりするのです。

私は大学の入試や試験などでさまざまなレポートを読んできましたが、これほど不備が多いと「優」「良」どころか「可」も与えられません。残念ながら「不可」が妥当。不備だらけのレポートを精査するのは、本当に大変な作業でした。

なかにはこちらを馬鹿にしているんじゃないかと思うケースもありました。

たとえば、「次世代養成のためのラグビー教室やアカデミー開催」の項目では、これまでの実績や将来の展望を詳細に記した積極的なチームがある一方で、ラグビー教室の記事の切り抜きを貼り付けているだけのところも。それはトップリーグを代表する名門チームでしたが、そのお粗末さに私は頭を抱えてしまいました。

ラグビー界と新リーグ、そしてチームの命運を左右するかもしれない大事な審査なのに、まるで真剣味が感じられない。「ウチは強豪だから、どんなに適当なレポートを出しても問題ない」――そんなこちらを「なめている」空気が伝わってきたのは事実です。

秋には「審査委員会」が正式に発足することになっていましたが、それまでに全チームからのレポートの精査を終えなければなりません。それは大変な激務で、私は7月以降、その作業に忙殺されました。

「新リーグ法人準備室」の仕事は、チーム審査以外にも多岐にわたります。ほかにもさまざまな仕事を並行してこなさなければならない。しかし、準備室の職員は、私と前述した瓜生さん、そして私が外部から呼んだ男性スタッフがひとりいるだけ。彼は、私のテレビ出演時のマネージメントを担当している芸能プロダクションからマネージャー兼任として派遣され、ラグビー協会から業務委託を受けるかたちで働いていました。この3人だけで、とてもこなせる仕事量ではありません。

「お願いやから、ほかにも職員をつけて〜」と森重隆会長や岩渕専務理事にお願いしましたが、補充はありません。このままでは立ちゆかなくなる――そう考えた私は、3月までテレビとラジオにレギュラー出演していた大阪・朝日放送テレビ（ABC）の山本晋也《やまもとしんや》社長に頼みこみ、同社のスポーツ部にいた立石真也《たていししんや》さんにラグビー協会の人件費負担ゼロで来ていただけることになりました。少しホッとしたものの、それでも4人……。

「私は請われて来たはずやのに、なんで誰も助けてくれへんの？　人生のハーフタイムどころか、これじゃあ『人生でいちばん忙しい夏』やないの」——私は何度も独《ひと》り言《ご》ちることになりました。

審査委員会立ち上げと「3部リーグ制」

そんな過酷な夏でしたが、なんとか9月には正式に「審査委員会」が立ち上がり、私が審査委員長となりました。審査委員は私以外に4名。公平性・客観性を保つためにラグビー関係ではないメンバーにも入っていただきました。

2020年夏から年末にかけ、我々が着実に審査を進めるなか、新リーグ実現に向け、具体的なことが決まっていきました。

●新型コロナの影響もあり、新リーグの開幕は当初予定の2021年秋から2022年1月へと変更

●完全なプロ化ではなく、企業チーム・プロチームが混在するリーグとする

●リーグは3部制とし、最上位のディビジョン1は12チーム、ディビジョン2は7チーム、ディビジョン3は6チームで行われる

このうちリーグ開幕時期の変更と、完全プロ化の断念は、現実に即したやむを得ない判断だったと言えるでしょう。一方、「3部制」「1部リーグ12チーム」というディビジョン分割は、さまざまな要素が絡み合っての決定でした。

ひとつは「大差の試合」を少なくしたいという狙いです。ボディコンタクトの多いラグビーは、野球やサッカー、バスケットボールなどほかの人気スポーツと比較しても、実力が得点差に反映されやすい。1部リーグのチームを多くすることで上位と下位の実力差が広がり、大差の試合が多くなれば、リーグの盛り上がりに水を差すことになります。

直近のトップリーグの得点を分析したところ、上位8〜12チームの対戦では拮抗した試合が多くなるものの、14チームに拡大すると30点差以上の試合が増えることがわかりました。一方で、新リーグは事業として成立させなければなりませんので、試合数は多いほうがいい。そのなかでリーグのスタートは12チームが適当という判断でした。

また、3部制にしたのは実力差に加え、「25チームでやらなければならない」という事

情からです。新リーグではホスト&ビジター制を導入しています。本拠地（ホストエリア）で試合を開催するホストチームが試合を運営、チケットを販売して収益を得るのですが、一部のチームから「1部リーグで想定される試合数をこなすのは社業との兼ね合いで無理。また、そのチケットをすべて売り切る力もない」という声があったのです。それを踏まえての3部制でした。

ちなみに、2021年4月に「コカ・コーラレッドスパークス」が、新リーグ参入の見送りを決定。新リーグは全24チーム（1部12チーム、2部・3部はそれぞれ6チーム）となっています。

清宮兄さんの〝完全撤退〟

そして、さらにひとつ、ラグビー界に激震が走る出来事がありました。2020年10月1日付で、私をラグビー協会に招き入れたひとりである清宮さんが、「新リーグマーケティング会社準備室」室長を退いたのです。

清宮さんは新リーグ創設にかかわる業務から〝完全撤退〟し、協会副会長に専念すると報じられました。代わりに室長となったのは、池口徳也さんでした。池口さんは一橋大ラグビー部OBで、三菱商事を経て、当時はミスミグループ本社副社長。2020年6月から日本ラグビー協会COO（事業遂行責任者）を務められている方です。マーケティングの専門家として長く実業の世界で活躍してこられた実績から、協会だけでなく新リーグでも辣腕《らつわん》を振るってほしいと、協会幹部から要請があったと聞いています。

新リーグ創設を志した清宮さんが、なぜ退くことになったのか——私は内幕をまったく知りません。唯一思い当たることがあると言えば、2020年の初め頃、専務理事の岩渕さんが「新リーグは清宮さんではもたない」「代わりにすごい人を連れてくる」と言っていた記憶があるくらいです。思えばその頃から、この人事は動き出していたのかもしれません。

清宮さんからは、新リーグを退くことについて最後まで話を聞くことはありませんでした。一時は「兄さん」「真由美」と呼び合うほど親しかったものの、私が新リーグの審査を本格化していたこの時期は、かなり距離ができていました。清宮さんの強引な改革手法、協会プロパーよりも電通など外部出身の方々の意見を重用する方針に、私がたびたび苦言を呈していたことが原因だったのかもしれません。清宮さんがどこかで「最近、谷口が言うことを聞かなくなった」と話していたという噂も耳にしました。いわゆる〝清宮派〟の面々には、清宮さんのやり方に「NO」を言える人がおらず「私が忠告しなければ」とあえてズケズケ言っていたのがよくなかったのかもしれません。

いずれにしても、清宮さんはラグビー協会という〝ムラ社会の掟〟を完全に逸脱したことで、外されてしまったように私には見えました。新リーグにかける清宮さんの情熱は並外れたものがあったので、その失望はさぞ大きかったことだと思います。

そして、年が明けて2021年1月、〝ラグビー村のおっさんたちの掟〟が今度は私に襲いかかります。審査委員会は、「中間報告」としてディビジョン分けにかかわる暫定順位を全チームに対し、お知らせしました。

この章で詳しくお話ししたように、その順位は客観性・公平性を重視し、厳正に算出されたものでした。しかし、その内容は協会と一部のチームにはけっして受け入れられないものだったのです。

第5章

かくして「審査」は反故にされた

「暫定順位」にざわついたラグビー界

みなさんは日本のラグビーで「強豪」とされているチームがどこかをご存じですか？

これから私がお話しする内容を理解していただくために、簡単にご紹介しておきたいと思います。

「ジャパンラグビートップリーグ」は、２００３年からの17シーズンの歴史で、最多タイ５回の優勝を３チームが成し遂げています。「パナソニック　ワイルドナイツ」「サントリーサンゴリアス」「東芝ブレイブルーパス」です。

「パナソニック　ワイルドナイツ」は、トップリーグ最後のシーズンとなった２０２１年の覇者です。「堅守」が伝統で、とくにフォワードにはプロップ・稲垣啓太選手、フッカーの堀江《ほりえ》翔太《しょうた》選手、坂手淳史《さかてあつし》選手など、19年ワールドカップ組のスターが揃っています。

このシーズン限りで引退したウイングの福岡堅樹選手はＭＶＰに輝きました。監督はオーストラリア代表ヘッドコーチも務めたニュージーランド人のロビー・ディーンズ。最近はイングランド代表のロックであるジョージ・クルーズ選手やウェールズ代表のセンター、ハドレー・パークス選手など海外のスター獲得にも積極的です。

「サントリーサンゴリアス」は、スピードでトライを積極的に狙う「アタッキングラグビー」を得意とする攻撃的なチームです。スクラムハーフの流大《ながれゆたか》選手、センターの中村亮《なかむらりょう》土《と》選手は日本代表でもあるのでご存じの方も多いのではないでしょうか。すでに退団してしまいましたが、ニュージーランド代表として世界最優秀選手に2度輝いたスタンドオフ、ボーデン・バレットが在籍するなど選手層が厚いことで知られます。

「東芝ブレイブルーパス」は親会社の低迷もあり近年優勝から遠ざかっていますが、トップリーグ草創期には無敵の強さを誇りました。２００４年度から２００６年度まで3連覇を達成。現在もリーチマイケル選手（ナンバーエイト、フランカー）など多くの選手を日本代表に送り出しています。

　優勝回数2回で続くのが「神戸製鋼コベルコスティーラーズ」。優勝こそないものの、プレーオフ進出常連の強豪として知られるのが「トヨタ自動車ヴェルブリッツ」。最近は「クボタスピアーズ」や「ＮＴＴドコモレッドハリケーンズ」なども好成績を収めていますが、「競技力」「戦績」で言えば、上位はおおよそこれらのチームが名を連ねることになります。

しかし、私たち審査委員会が行った審査では、これら「強豪チーム」が上位に来るとは限りません。

前章でお話ししたように、新リーグの審査項目には「事業力」「社会力」など戦績以外の項目が多く含まれます。言ってしまえば「競技力」は数ある審査基準のひとつに過ぎません。さらに書類をもとに審査が行われますので、それがお粗末なものだと強豪チームでも必然的に順位は低くなってしまうのです。しかし、新リーグが「ラグビー界の改革」「地域密着」「収益力の改善」という命題を持つ以上、競技力以外も考慮に入れて審査すべきことは必然だと、私たちは各チームにしつこく説明してきたのです。

しかし、２０２1年1月に我々が全チームに伝えた「暫定順位」は、いくつかのチームにとって不本意なものだったようです。ある強豪チームの幹部はあからさまな不満を示し、「いろいろな方と話をさせてもらうことになる」と語りました。水面下で工作を始めているチームもあるようで、協会内でさまざまな噂が飛び交うようになりました。

私をはじめ審査委員会は、それまで何か月もかけて各チームのレポートを吟味し、審査を行ってきました。ラグビー界の外部から審査委員を招き、複数の委員の目で、客観性・

公平性のあるジャッジを徹底しています。どんなに文句を言われようと、その結果はけっして恣意《しい》的に歪めていいものではありません。私は協会内やチームからの反発に、うろたえることはありませんでした。もしかしたら、「審査の基準そのものがおかしかったのでは？」と疑問を持たれる方もいるかもしれません。しかし、前述したように、審査基準は太田チェアマンをはじめトップリーグ関係者に原案を作成してもらい、私を含めて合議で決められたものです。ラグビーの競技として大切なことやトップリーグネクスト構想で考えられていたエッセンスも含まれており、「ラグビー界の人々」の意見がしっかり反映されたものでした。

そもそも私は法学者として、法を遵守しない権力者をメディアなどで厳しく批判する立場にありました。その矜持《きょうじ》を、ラグビー界のパワーバランスに忖度《そんたく》して曲げることはできません。そんなことをしたら、法学者としての私の存在理由はゼロになってしまうでしょう。私にとっては絶対に譲れないところでした。

審査委員会が各チームに暫定順位を伝えてから1か月足らずの2021年2月3日。暫定順位にラグビー界がざわつくなか、日本ラグビー協会の臨時理事会が招集されました。

そこで森重隆・会長が口にしたのは、驚くべき内容でした。

「新リーグの暫定順位に関して、幹事のチームからいろいろと言われている。だから、順位については最終的に私が決めると伝えた」

「幹事」とは、協会とチーム側の交渉の窓口となる一部チームの代表者のこと。幹事を務めるチームは、いずれも「戦績」「競技力」に比べ、暫定順位が低く出ていることが共通していました。これまで長い準備期間をかけてきた審査はあくまでも「参考意見」に過ぎず、最終的には森会長がそういった強豪の意見を聞いて決定するという宣言です。

「いったいこの人はなにがしたいんや？　これじゃあ、なんでわざわざ新リーグの法人準備室長や審査委員長やったんかわからへん……」

私は呆然とするばかりでした。

「わきまえない女」発言の真相

2021年2月3日。それまでの審査委員会の努力を無にしかねない発言がラグビー協会会長から飛び出したその日、実はまったく別の場所で「ラグビー界の最重鎮」が〝事件〟

を起こしていました。

元首相で、2年前まで日本ラグビー協会の名誉会長だった森喜朗・東京オリンピック・パラリンピック競技大会組織委員会会長（当時）が、同評議会でこう発言したのです。

「女性がたくさん入っている理事会は時間がかかる。ラグビー協会はいままでの倍、時間がかかる。女性の優れているところですが、競争意識が強い。誰かひとりが手を挙げると、自分も言わないといけないと思うんでしょうね」

「女性を増やしていく場合は、『発言の時間をある程度、規制をしておかないと、なかなか終わらないので困る』と言っておられた。誰が言ったかは言わないけど」

「私どもの組織委にも女性は何人いますか。7人くらいおられるが、みんなわきまえておられる。お話もきちんと的を射ており、欠員があればすぐ女性を選ぼうとなる」

この発言が女性蔑視と大きく批判され、結果として森喜朗さんは大会組織委会長の職を辞することになりました。同時に「わきまえない女」という言葉がツイッターなどで拡散され、一躍トレンドワードとなりました。前述しましたが、日本ラグビー協会の理事は24人中5人が女性で、私もそのうちのひとりです。「わきまえない女」の代表格と目され、私のところにもさまざまなメディアから取材依頼がありました。

森喜朗さんの発言は偏見に満ちており、公の場での発言としては許されるものではないと思います。もちろん、私たち女性理事が入ったことによって、ラグビー協会の会議の時間が倍になったという事実もありません。森さんの発言で正しいのは「女性の発言が多い」ということくらいでしょうか。確かに19人いる男性理事よりも、私たち5人の女性理事のほうが話している時間は長かったでしょう。

それはなぜかというと、質問をするからです。

「これはどういう意味ですか？」

「あの件、結局どうなったのですか？」

理事会で十分に説明されないこと、一般的な団体や企業の常識では考えられないこと、そういったことがあるたび、私たちはどんどん質問していきました。それが、外部から招聘された理事としての役目だと考えていたからです。

大事なのは、審議事項を丁寧にこなしていくこと。パブリックな場所である理事会という場で、疑問点や質問すべきことが出てくれば、それは面倒でもひとつひとつ解消していくしかありません。

そもそも、私たち外部理事とラグビー協会内部の方とでは「情報量」がまるで違います。ふだんから顔を付き合わせている〝ラグビー村〟の人々の中では〝常識〟〝決定事項〟として共有されていることでも、月に1回の集まりにしか顔を出さない外部理事にとっては、理解できない内容が非常に多いのです。私たちは〝村人〟ではないから、わからないこと、受け入れられないことがあるのは当然です。だから発言するのは、女性理事の石井淳子さん、齋木尚子さん、稲沢裕子さん、私くらいということが多かったのです。男性理事が理事会を休んでもバレませんが、私たちが欠席するとすぐにバレてしまい、「なんで来なかったの？　理事会が静かだったよ」と言われることもしばしばでした。それくらい、質問者は女性に限られていた印象です。理事も幹部も企業などで華麗な経歴を持つ人たちばかりなのに、大切なところでは黙っている、やり過ごすという印象。これが日本の企業のスタンダードなのか、と思ったぐらいです。

〝ラグビー協会では、いわゆる〝シャンシャン総会〟が当たり前とされ、意見や質問は〝スムーズな進行に水を差すもの〟という雰囲気で、ときにはあからさまに邪険に扱われました。ラグビー協会において必殺技は「時間切れ」という言葉。大切なことは考えさせないし、その余地を与えない。しかし私たち女性理事はその流れに抵抗しました。森喜朗さんの発言は、きっとそのことを指しているのだと思います。

すでに森喜朗さんの発言の問題点についてはさまざまなところで論じられてきていますので、この本でこれ以上を語るつもりはありません。「しょうもないおっさんやな」——その一言に尽きると思います。一方で、釈然としないことがありました。なぜ森喜朗さんが「ラグビー協会の女性理事」の話を持ち出したのか、ということです。

この本の冒頭でご説明したように、私を含む新任理事は、森喜朗さんが名誉会長を辞め、多くの高齢理事とともにラグビー協会を去ったのと入れ替わりに任命されました。つまり、森喜朗さんは「女性理事が5人いる理事会」に出席したことは一度もないのです。

ではなぜ森喜朗さんがそんな話をしたのか。それはつまり、森さんの前で「今のラグビー協会の理事会は女が意見ばかりして長くなっている」「わきまえていない女がいて、うるさくてかなわん」という主旨のことを話した協会幹部がいたということでしょう。それは、翌日2月4日の森喜朗さんの謝罪会見の発言からも明らかです。

「私は、昔は全体を統括する体協、いまのスポーツ協会の会長をしておりましたから、その団体のみなさんと親しくしております。そういうみなさんたちはいろいろ相談にも来られます。そのときに、やっぱりなかなか大変なんですということでした」

ちょうどこの頃は、1月に出した暫定順位について、協会内で「谷口批判」が吹き荒れていた時期ですから、誰かが森喜朗さんにそれを耳打ちしていたのではないでしょうか。

つまり、森さんの問題発言は、森さん本人の意見というより、多くのラグビー協会の男性理事や協会職員幹部たちの「本音」なのです。

森喜朗さんは、ラグビー協会の若返りを図り、女性登用を推し進めた人でもあります。ですからこれ以上、私はあの発言を蒸し返すつもりはありません。ただ、当時の私の頭の中に浮かんでいたのは「女性蔑視」への怒りではなく「いったい誰が告げ口したんや」ということでした。発言そのものより、そんな〝ムラ社会〟の根の深さが気になりました。

「法人準備室長」解任

2月3日の臨時理事会以降、協会は一気に〝谷口排除〟へと舵を切りました。それから

2週間後、2月17日の理事会で私が「新リーグ法人準備室長」から解任されることが決定したのです。解任理由は驚くべきことに「理事会の内容を漏洩した」というもの。3日の臨時理事会での森会長の発言に驚いた私は、「新リーグの暫定順位について不満がある」「やり直せ」という森会長への直訴が全チームの総意であるか、幹事チーム以外にヒアリングを行ったのです。その結果は、どのチームも「不満を訴えたことはない」とのことでした。その経緯が理事会の内容の漏洩にあたるというのです。理事会では「谷口は審査委員長に専念してもらう」と冒頭でスルッと告げられました。法人準備室長就任は理事会の審議事項でしたが、解任に際しては審議すら行われませんでした。

明らかに無理筋の解任でしたが、一緒に改革を進めてきた〝同志〟的存在だと思っていた専務理事の岩渕さんも、私を守るどころか引導を渡す役目に回りました。解任が決定する理事会の直前にオンライン会議で私と対峙した岩渕さんは「今後は新リーグ法人準備室長を外れてもらう」と切り出したのです。岩渕さんはラグビー協会の中心人物で〝出世頭〟。短い付き合いの大阪のおばちゃんよりも、協会の論理を優先されたのだと思います。

リーグの責任者になってほしいと懇願され、「なにがあっても守る」と言われてから、まだ1年あまり。岩渕さんからは「もう守りきれない」と告げられましたが、自分たちの望まない審査結果が出たからといって、あまりに掌返《てのひらがえ》しが過ぎるのではないでしょうか。

「新リーグ法人準備室」の室長は岩渕さんが協会専務理事と兼任で務めることになりましたが、この人事は当面、外部に公表されることはありませんでした。しばらく経ってから協会ホームページに「このたび準備体制の一部変更に関しまして、公表が遅れましたことをお詫び申し上げます」という一文とともにひっそりと掲載されるのみでした。

一方、審査委員長を継続することになったのは、ディビジョン分け審査の渦中の解任は、メディアの注目を集めてしまうという判断からかもしれません。そののち4月には岩渕専務理事と玉塚元一JRTL理事が共同委員長を務める「新リーグ共同検討委員会」なるものが立ち上がり、それまでの「新リーグ法人準備室」および「新リーグマーケティング会社準備室」の役割を継承。両準備室は事実上、解散となりました。

この頃には、協会内での私の孤立は深まっていました。新リーグについての情報もほとんど共有されなくなり、私が知らないうちに重要なプロジェクトがどんどん進んでいくようになっていったのです。

不自然な「入れ替え」が発生

そんな孤立無援の状況でも、ここまで必死に進めてきた仕事を途中で投げ出すわけにはいきません。なんとか最終審査を5月末には終えることができました。

一刻も早く森重隆会長に伝えなければ——と面会を求めましたが、「時間がない」「忙しい」などという理由でなかなか会ってくれません。ようやく6月中旬になって、審査委員会が協会側に参加24チームの最終順位を報告しました。

すると、森重隆会長は苦々しい顔で「この結果に関しては、副会長や関係各所に相談しなければならない」と話したのです。

そもそも、審査は客観性・公平性を保つために、各チームと利害関係がなく、ラグビー協会から独立した第三者委員会である「審査委員会」に全面的に託されていました。森会長は、本来その結果を承認するだけのはずでした。

しかしこのあと、森会長は理事会で承認されていない私的な諮問委員会を立ち上げ、外部の弁護士に依頼し、私を含む審査委員に「審査が公正に行われたか」という旨のヒアリングを行ったのです。そのヒアリングは、特定のチームのことについて執拗に聞き取ろうとしており、なんらかの意図が働いていると感じさせるものでした。その結果、諮問委員会が出した結論は「重大な疑義は見つからなかった」というもの。疑義をかけられていたこと自体、私たち審査委員会にとっては心外でしたが、結果として池口さんが中心となり再計算が行われることになりました。

そしてなにが起こったか――。諮問委員会が再計算した順位は審査委員会が決定したものと明らかに変わっていました。とくに大きな点を挙げると、我々の審査では、ディビジョン1（1部リーグ）入りする12位は「近鉄ライナーズ」、ディビジョン2（2部リーグ）となる13位は「トヨタ自動車ヴェルブリッツ」でしたが、再計算によってトヨタが12位に浮上、12位だったはずの近鉄は13位となり、結果が入れ替わってしまったのです。

ちなみに7月14日、ラグビー協会はディビジョン分け審査の算定方法変更について共同会見を行っています。その会見で語られた内容は、次のように報じられています。

2022年1月に開幕するラグビー・新リーグの概要が16日、発表される。

その発表の2日前の14日、参加チームのカテゴリー分けを左右する算定方法が変更されたことが明らかになった。

各チームが最も関心を持つのは、参加を希望する24チームを1～3部にどう振り分けるか。審査委員会（委員長＝谷口真由美・前日本協会理事）が採点を担当していたが、日本ラグビー協会が最終承認の過程で変更していた。

新リーグは1部が12チーム、2、3部が各6チーム。事業性、社会性、競技力の三つの指標で評価していた。審査委は6月半ばから下旬にかけて、日本協会に採点結果を報告。14日に記者会見を開いた池口徳也・共同CEOによると、その後、最終シーズンとなった21年トップリーグの戦績や事業運営力について計算方法を変更した。

関係者への取材によると、この変更によって、当初の順位が変わり、1部と2部のチームの一部が入れ替わったという。

新型コロナウイルスの感染拡大で開幕が延期され、大会方式が変わったことにより、複数のチームのリーグ順位が同じになったことなどが影響したという。池口氏は「チームとは順位によって均等に傾斜した配点を行うことで合意していた。一方で審査委の報告はそこが傾斜配分にならない部分があった。一部整合性が取れないので、再計算をした」と説明した。具体的な採点や計算方法については言及を避けた。

その他は、全て審査委の判断を尊重したという。

審査委の結果は、森重隆会長と外部の弁護士が検証し、再計算することを決めた。

池口氏は「すべての評価を定量的に計れるなら公平で明らかだが、今回は評価項目をどう点数に反映するかで、（審査委の）裁量部分が残った。今後、このようなことをする場合は、明らかな基準をできるだけ定めて進みたい」と語った。

日本協会は審査委のメンバーについて谷口氏以外を公表する予定はないという。また、各チームの順位や点数は公開しない方針だ。

（朝日新聞デジタル２０２１年７月16日配信記事より）

協会側の再計算によって最終順位が確定したのは２０２１年７月１日。翌７月２日には各チームに報告されました。

一方、私たち審査委員会の任期は６月末日まで。池口さんたちからは「（審査委員会の）

審査結果は踏まえたうえで、こちらで発表する」と告げられ、私たち審査委員会は最終順位の決定や発表にかかわることはできませんでした。

審査委員会のメンバーを公表しなかったのはそのためです。本来であれば、審査終了後に然るべきタイミングですべての審査委員の名前を公表するつもりでしたし、チームや協会関係者にもそう伝えていました。自分たちの決定には相応の責任が伴うと考えていたからです。しかし、協会側の都合で順位が書き換えられるのなら、それは話が違う。「もし審査結果が私たちの出したものと違うのであれば、谷口以外の審査委員の名前は公表しないでほしい」――私はそう要求したのです。

また、この報道では「一部整合性が取れないので、再計算をした」という池口さんの言葉が紹介されています。これは私たち審査委員会にとって、許しがたいコメントでした。

実は、最終順位が審査委員会の出した結果と違うことについて、7月10日に池口さんと岩渕さんが審査委員会に向けて説明するオンライン会議がありました。その場で、協会側との間で「審査委員会の審査に疑義や不整合はなかった」ことが確認されています。とんでもなく面倒な仕事を引き受けてくださった審査委員の名誉のために、ここだけはハッキリさせておきたいところでした。

しかし後日の会見で、池口さんは「整合性が取れない」と発言したわけです。明らかに、私たちへの説明と食い違います。審査委員会のメンバーからは、発言の撤回と抗議を求めるべきだという声も出ました。しかし、ここで私以外の審査委員たちが名前を出して抗議を行うと、ラグビー界の「おっさん」たちからどんなしっぺ返しを食らうかわからない——すでに世間に公表してしまった最終結果が覆るわけでもなく、これ以上の反論は無駄だと判断しました。

「谷口は近鉄の人間や」

なぜ審査委員会が強豪の「トヨタ自動車ヴェルブリッツ」より、競技力で劣る「近鉄ライナーズ」に高得点をつけたか——。それは一言で言えば「レポートの出来」が勝っていたからです。もちろんトヨタは競技力に優れた強豪チームであり、親会社も大きく、収益性も問題ないでしょう。しかしレポートでは、さまざまな不備が見られました。

4章で「お粗末なレポート」として「次世代養成のためのラグビー教室やアカデミー開

催」の項目に、チームがかかわったラグビー教室の記事を貼り付けているだけの事例を挙げましたが、まさにこれがトヨタのレポートのことだったのです。

2020年5月に新リーグ法人準備室から通達した審査基準のもとでフェアに努力していたチームが多数あったにもかかわらず、「なめたレポート」を出したチームがラグビー協会会長の〝鶴の一声〟でそれらを逆転してしまう——そんなアンフェアなことがあってはならないはずです。

しかし、そんな思いも虚しく、私はこの時期いろいろな誹謗《ひぼう》中傷を浴びせられました。

たとえば「谷口は親父が近鉄の人間だから贔屓《ひいき》した」という声も聞かれました。

父が近鉄のコーチで、花園ラグビー場で生まれ育った。だから谷口真由美は「近鉄の人間」や。だから裏で細工したんやろうと言いたいんでしょうか。そんなの、私からしてみれば「人をなめるのもたいがいにせェ！」「おっさんたちと一緒にすな」って話です。

近鉄について言えば、実際に私のつけた点数は、ほかの審査員よりも辛《から》いという結果でした。逆にほかの審査員に比べてトヨタを低く採点したわけでもありません。

私たち審査委員会は、一貫して客観性・公平性を重視してきました。それが法学者としての私の譲れない一線です。各審査委員の採点も確認していますが、みなフェアなものでした。私からすれば、その審査を〝お仲間への忖度〟でうっちゃってしまうラグビー協会のお偉方たちのほうがどうかしています。

1部リーグか、2部リーグかというのはチーム運営を左右する大変な決定です。2部になればチケット収入など興行面で不利になることは否めませんし、有力選手を集めるのにも苦労します。そんな重要な決定だからこそ、我々はルールをきちんと定め、最善を期したわけです。それをないがしろにしてしまうラグビー協会は、完全なガバナンス不全に陥っていると言って間違いないでしょう。

協会から完全に外されて

そして、7月16日には「JAPAN RUGBY LEAGUE ONE」(ジャパンラグビーリーグワン)という新リーグの正式名称とともに、ディビジョン分けも発表されました。

【ディビジョン1】

●NECグリーンロケッツ東葛
●NTTコミュニケーションズ　シャイニングアークス東京ベイ浦安
●NTTドコモレッドハリケーンズ大阪　●クボタスピアーズ船橋・東京ベイ
●コベルコ神戸スティーラーズ　●埼玉パナソニック　ワイルドナイツ
●静岡ブルーレヴズ　●東京サントリーサンゴリアス
●東芝ブレイブルーパス東京　●トヨタヴェルブリッツ
●横浜キヤノンイーグルス　●リコーブラックラムズ東京

【ディビジョン2】
●釜石シーウェイブスRFC　●花園近鉄ライナーズ
●日野レッドドルフィンズ　●マツダスカイアクティブズ広島
●三重ホンダヒート　●三菱重工相模原ダイナボアーズ

【ディビジョン3】

●九州電力キューデンヴォルテクス　●クリタウォーターガッシュ昭島
●清水建設江東ブルーシャークス　●中国電力レッドレグリオンズ
●豊田自動織機シャトルズ愛知　●宗像サニックスブルース

私はこの発表がなされたとき、すでに〝ラグビー村〟の住人ではありませんでした。6月19日付でラグビー協会理事を退任し、6月末日には審査委員長の職も解かれたのです。リーグ開幕を迎える半年前に、私は〝ただの大阪のおばちゃん〟に戻っていました。

ちなみに2021年度の日本ラグビー協会の女性理事は全25名のうち10名。女性比率は40%となり、スポーツ庁が策定したガバナンスコードの目標値に達したことになります。なかでも浅見敬子さんは女性初の副会長となりました。

9月30日には新リーグ運営法人の名称は「一般社団法人ジャパンラグビートップリーグ」から「一般社団法人ジャパンラグビーリーグワン」に変更。理事長も森重隆さんから理事の玉塚元一さんに代わりました。理事には、チームの「幹事」たちも名を連ねています。

女性が増え、協会内部の情報が共有されて、以前とは違う「風通しのよい組織」になったのか。〝ラグビー村〟の異質さを女性理事が率直に指摘し、それが改善されるような雰囲気になっているのか。部外者の私には知る由もありませんが、2年間の在籍期間で得た経験から言えば、その道のりはまだまだ遠いような気がしてなりません。

女性活躍を推進する組織という体裁を整えるために、女性理事たちを単なる「数合わせ」と考えていないことを祈るばかりです。

そんな多くの「?」を抱えたまま、2022年、「ジャパンラグビーリーグワン」は開幕したのです。

第6章

日本社会を蝕む「おっさん」たちの正体

「口外するな」という〝脅し〟

日本ラグビー協会を離れた私のもとには、さまざまなメディアから取材依頼が押し寄せました。

法人準備室長・審査委員長を務めていた当時、私は「ラグビー界改革の旗振り役」のように見られていたところがあります。森喜朗さんの「わきまえない女」発言も、その代表格として谷口真由美への注目を大きくしていました。それなのに、私は新リーグの開幕を待たず、理由も明らかにされないままラグビー協会のすべての役職から外れてしまったわけです。先に清宮さんが新リーグ事業から完全撤退していた経緯も含めて、「なにか協会内でお家騒動が起こっているのでは」とラグビー関係者やファンの方々に受け止められたことは間違いありません。その真実を知りたいマスコミが私に取材をかけるのは、ある意味当然と言えるでしょう。

しかし、この本を出版するまで、私は協会内での出来事やリーグ審査のプロセスについて詳細を語ることを避けてきました。

審査委員会は客観性・公平性のためにラグビー協会から独立した第三者委員会とし、森重隆会長をはじめとする協会幹部にも審査のプロセスを決定まで明らかにしてきませんでした。何度も申し上げてきたように、関係者から干渉を受けないようにすることで、審査委員会の中立性を担保しようという判断からでした。ですので、厳重に伏せてきた審査の詳細を、協会を離れたからといって私自身が外部に話してしまうのは適当ではないと考えていたのです。

ただ、2021年7月3日、ラグビー協会から内容証明郵便で「協会内で知りえた情報を口外すれば法的措置を含む断固たる措置を採る」という主旨の文書が届いたことで、考えを改めました。

これまでご説明してきたように、新リーグのディビジョン分けについて〝恣意的な順位操作〟と取られかねない経緯があったことは間違いありません。これはラグビー協会が重大なガバナンス不全を起こしていることを端的に示しています。私に文書を送ってきたことからも明白なように、これはラグビー協会にとって「蒸し返してほしくない汚点」なのです。

すでにこの件は週刊誌などでも報じられています。『週刊文春』２０２１年7月29日号は、〈ラグビー森会長の〝新リーグ順位操作〟をスッパ抜く〉と題した記事を掲載しました。その後、『ＦＲＩＤＡＹデジタル』は同9月27日に〈来年1月開幕のラグビー新リーグ　盛り上げ気運に水差した「暗闘」〉という記事を配信しています。

審査委員長を務めていた立場として、私は『週刊文春』から取材を受けました。本音を言えば、ぶちまけてしまいたい不満はたくさんあります。仲間として最後まで戦ってくださった、審査委員の方々の名誉と尊厳を守りたいという気持ちもありました。しかし「審査の過程についてはお話しできない」「審査委員会は、審査にベストを尽くしました。協会の方針が、審査委員会の判断とは異なり変更されたと認識しています」と答えるのみにとどめました。

しかし、森重隆会長は違いました。『週刊文春』から「トヨタから相談を受けたことは？」と追及された森会長は「まったくないです。どこからもなかったです」と回答。さらに「恣意的な修正では」「公平性が保たれますか」との質問にはこう答えています。

「それはないです。谷口委員長が『再考します』と言えば通っていた。審査委員会が決めるけれども、決定権は私にありますから。（委員会は）無視ですよ、無視。ひどいですよ。それは書いていただきたい」

「向こう側（委員会）は、委員のメンバーも教えなかった。どういう評価点をするかとか、競技力をどうするかとかは最後までオープンにしなかった」

ちなみにこの記事では、トヨタも「本件に関してトヨタ側から日本ラグビー協会に相談した事実は一切ございません」と回答しています。

審査委員会の意義すら理解していない森会長のこの回答を見て、私は「このままでは真実がねじ曲げられてしまう」と恐怖を感じました。審査の方針は理事会でも伝えていましたし、審査委員は森会長確認のもと、会長名で委嘱状を出しています。なぜすぐにバレるウソをつくのか……理解に苦しみました。そこで「話すべきことは話しておかなければいけない」と考えを改めるようになりました。

そもそも日本ラグビー協会は「公益財団法人」です。法人税が非課税になるなど、税制上で非常に大きな優遇を受けています。だからこそ、運営や財務もきちんとチェックされるべきですし、国民への情報公開に関しても積極的であるべきです。たとえ、〝脅し〟のような文書を受け取ったとしても、屈せず真実を語っていかなければならないと決意したのです。

「おっさん的価値観」が招いた失敗

ただし、私がこの本でもっとも伝えたいことは、審査の内幕暴露ではありません。

日本ラグビー協会にかかわった2年間、私はつねに違和感を持っていました。組織を変えるために呼ばれたはずなのに、そのためにいくら意見を言っても、新たな施策を提示しても、「変化を拒むおっさんたち」にことごとく邪魔されてしまうのです。

積極的に改革を推し進めることよりも、これまでの慣習に従い、協会の実力者や強豪チーム・大企業の意向に逆らわず、ひたすら従順であることが良しとされる——私がやろうとしたことは、ラグビー界の「同調圧力」とも呼ぶべき古い体質にことごとく跳ね返されてしまいました。

ラグビーワールドカップ2019の成功を好機として、日本ラグビー界は競技人口を増やし、ファンの裾野を広げて、世界の強豪国に負けない「強いラグビー」の土壌をつくっていかなければならない。そのための新リーグ設立なのに「ワールドカップも大成功だったんだから、このまま現状維持で構わない」という人たちによって、多くの部分が骨抜きにされてしまったのです。第5章で詳述したディビジョン審査の不透明な経緯だけではありません。そもそもの前提だった「完全プロ化」も成し遂げられず、地域密着型のチームづくりに関しても、本来思い描いていた理想像とはかなり遠い姿になってしまいました。

川淵三郎さんとの巻頭対談でもお話ししましたが、各チームとの交渉では「現状を変える意味がわからない」と取り合ってもらえないことが多く、なかには「企業の方針ややり方に口を出されると会社幹部の機嫌を損ねてしまう」と、ラグビー界の未来よりも「組織の論理」を優先する人たちもいました。それはラグビー協会内部も同様です。責任をとりたくない「おっさん」たちが、上役の顔色を見て黙り込み、外部や若手からの改革案をスルーする――そんな光景が何度も繰り返されました。

ラグビー協会のそんな姿を見て思い出したのが『失敗の本質　日本軍の組織論的研究』

（戸部良一・寺本義也・鎌田伸一・杉之尾孝生・村井友秀・野中郁次郎の共著、中公文庫）という名著です。１９８４年に出版されたこの本は「なぜ日本軍は太平洋戦争で度重なる失敗を犯してしまったのか」を組織のあり方から細かく分析し、現在でも版を重ねるロングセラーとなっていますが、私のラグビー協会での経験は、この本で示された「日本軍」と重なる部分が非常に多いと思います。

合理的思考よりも優先される年功序列主義、それに伴う上長への行き過ぎた配慮、曖昧な命令による組織の迷走――。いずれもラグビー協会で目にした光景です。ワールドカップで南アフリカ（２０１５年）、アイルランド、スコットランド（２０１９年）という強豪を撃破したことで慢心してしまった点も、日清戦争、日露戦争で勝利を収めた〝成功体験〟から悲惨な太平洋戦争に突き進んだ日本軍を想起させました。

こう話すと「ラグビー協会はなんて古臭い組織なんだ」と思われる方も多いでしょう。

しかし、このような組織の硬直化は、なにもラグビー協会に限った話ではなく、日本の津々浦々で起きているのではないかとも感じます。

ラグビー協会理事を退任してから、組織のなかで働く女性や若者たちとさまざまな情報交換をしてきました。そのなかで多く聞かれたのは、「谷口さんの経験は特殊なものじゃない。私も同じような悔しい目に遭ってきた」という意見でした。組織内で若手や外部の人間が改革を志しても、中間管理職以上の「おっさん」たちによって、実のある議論は封じられ、出る杭は打たれてしまう。女性や若者たちは、そうしたことはどんな組織でも多かれ少なかれ起きていると言うのです。とくに長い歴史と伝統を持つ企業や組織ほど、そのような傾向は強いという話でした。

もしかしたら、私がラグビー協会での経験を語ることで、封建的価値観によって日本の組織や社会全体で同時多発的に起きている問題を浮き彫りにすることができるのではないか。そう考えたのが、本書を執筆した最大の動機なのです。

中根千枝さんが指摘した「タテ社会」の問題点

そんなモチベーションでこの原稿を書き進めるなか、ある訃報が飛び込んできました。日本の社会人類学の草分け的存在である東京大学名誉教授の中根千枝先生が、２０２１年10月12日に94歳で亡くなったのです。

中根先生は、つねに「女性初」という形容詞で語られる方です。「女性初の東大教授」「国立大学初の女性研究所長」「女性初の日本学士院会員」……。いまも女性は各分野で男性社会の「壁」と戦っていますが、女性研究者のパイオニアとして道を切り拓いてきた彼女が、相当の困難を乗り越えてきたことは間違いありません。

そんな中根先生の代表作と言えば、なんといっても1967年刊行の『タテ社会の人間関係　単一社会の理論』（講談社）です。

1967年は、まさに高度経済成長期の真っ只中。海外の人々が「なぜ日本は第二次世界大戦の敗戦国から大きく成長できたのか」と注目し始めた頃です。中根先生は著作で、世界でも独特の日本社会の在り方を鋭く分析しています。

日本社会の特徴は「タテの原理」で動いていること。職種・階層などを基盤にしてヨコにつながるインドや欧州とは対照的で、会社・組織などの「場」が重視され、そこでは先輩・後輩、上司・部下といったタテの原理が強く働いていると、中根さんは論じました。

訃報をきっかけに、学生時代に読んだきりだった『タテ社会の人間関係』を再読してみると、私がラグビー協会で目撃し、感じた違和感の正体が言語化されていました。

〈中国人はつねに年長の者に対して、象徴的にいえば、二、三歩さがった地点に自分をおくといったような行動において序列を示しているが、何か重要な決定を要する相談事となると、年長者に対してもいちおう堂々と自分の意見を披瀝する。日本人のように、下の者が自分の考えを披瀝する度合にまで序列を守るということはない。

これはインド人においても同様であり、また、意見の披瀝という点では中国人以上に自由である。インドで私が最も驚いたことは、中国同様に敬老精神が強く、またカーストなどという驚くべき身分差があるにもかかわらず、若い人々や、身分の低い人々が、上の身分の人々に対して、目に見える行動においては、はっきりとした序列をみせるが（決してタバコを吸わないとか、着席しないとかいうように）、一方、堂々と反論できるということである。

日本では、これは口答えとして慎まなければならないし、序列を乱すものとして排斥される。日本では、表面的な行動ばかりでなく、思考・意見の発表にまでも序列意識が強く支配しているのである〉

これらの記述からは、ラグビー協会の〝シャンシャン総会〟で目にした光景が甦《よみがえ》りました。発言するのは外部の女性理事ばかりで、高校、大学、実業団と有力チームに進み、長く選手・コーチを経験した〝ラグビー歴が長い協会関係者〟ほど幹部の前で押し黙る状況は、まさにその通りでした。現役時代に、素晴らしいタックルやひたむきなプレーでファンを魅了した方たちがびっくりするくらいタックルもしない状況には驚くばかり。

明治、早稲田、慶応、筑波、東大といった大学OBのつながり、強豪社会人チームのつながり……そういった派閥が幅を利かせ、お世話になったり、自分を引き上げたりしてくれる大先輩の前では絶対服従。そういったシーンは、小さい頃から何度も見てきましたし、協会内でもやはり同じでした。

選手としての実績、学閥……。そんな背景とは無縁の私が、ラグビー改革のため、協会の透明化のため、と思って意見をしても、それはラグビー村の「おっさん」たちにとっては〝口答え〟であり、和を乱すものでしかなかったのかもしれません。さらに言えば、清宮さん、境田弁護士ら「イノベーションプロジェクトチーム」が強硬に改革を進めようとして頓挫《とんざ》したのも、ラグビー界の秩序を無視するものと捉えられたからでしょう。

私が法人準備室長を解任された頃、「谷口は合理的な説明ができない」「谷口では新リーグがまとまらない」という声が、協会内や不満のあるチームから多数出たと聞きます。

それまで法学者や人権関係の団体の理事として、物怖《ものお》じせずに発言してきたこれまでの実績が買われて、ラグビー協会は私に重職を依頼したのだと思っていました。長年、大学教員として研究室という名の〝個人商店〟をひとりで回してきたといういくらかの自負もあります。そんなもの大したことないと思われるかもしれませんが、合理的な説明ができないと博士号はとれないでしょうし、コメンテーターとしても起用されない。国の科研費（科学研究費助成事業）をもらうこともできません。それなのに、ここまで「何もできない」「無能」という扱いを受けるとは思いませんでした。

「序列」が幅を利かす組織では、抜擢された人間、外部から登用された人間はそうでない人にとって嫉妬の対象となりやすく、それも改革を妨げる一因です。

私を含め外部から女性理事が登用されたことで、「自分もようやく協会理事になれる」と思っていた「おっさん」がポストを与えられず、その影響が私たち〝外からやってきた人間〟の改革を拒んでいた面は否定できないでしょう。「嫉妬」という言葉が〝女へん〟

で表わされていること自体、疑問を感じます。

請われて来たはずの私が、中傷され、排除の対象になってしまう――そんな状況に「おかしい」という声が上がらないほど、ラグビー協会の「おっさん」たちは、内部だけでしか通用しない「タテ社会の論理」で動いていたのです。

『失敗の本質』や『タテ社会の人間関係』が日本的組織の問題点を論じたのは、いずれも昭和の時代のこと。しかし、私が「まるで令和のラグビー協会の話ではないか」と感じるくらい、現代においてもその指摘は普遍性を帯びています。

アメリカから連合国総司令官のマッカーサーがやってきて〝外圧〟で日本を強制的に変えても、男女平等などグローバリズムの波が押し寄せても、日本の病理である「おっさん社会」はほとんど変わっていません。情報化・多様化が進み、さまざまな価値観に触れられるようになった現代でも、「おっさん社会」はまるで形状記憶合金みたいに、いつのまにかその形を取り戻してしまうのです。

「それが日本人の国民性だから仕方がない」と片付けてしまうのは簡単です。しかし、戦後75年で社会のあり方や価値観がドラスティックに変わったにも関わらず、根深く「おっさん社会」が残っていることにはなにか大きな原因があるような気がしてなりません。

社会を劣化させる「おっさん」の正体

もう10年近く前になりますが、2012年9月、私はフェイスブック上で「全日本おばちゃん党」というグループを作りました。

当時、地元の大阪では大阪維新の会が国政政党として「日本維新の会」を立ち上げたばかり。維新は次の総選挙に向け、「維新八策」という公約を発表しました。

しかし維新の中心メンバーを見ても、当時の政権与党だった民主党の代表選や、野党第一党の自民党の総裁選を見ても、候補者は男性ばかり。新聞やテレビに登場する有識者やコメンテーターも男性です。

目に入ってくるのは、男性のダークスーツだけ。鳥にたとえれば、カラス（黒）とスズメ（茶）、ハト（灰）。彼らは勇ましいことを叫びながら「仮想敵」を見つけては攻撃し、挙げ句の果てに矛先を弱者に向ける。私は思わずテレビに向かって、「なんやねん、これ。どこを見てもオッサンばかりやんか！」と叫びました。

もうウンザリという気持ちで、私はシャレでフェイスブックにこう投稿したのです。

「オッサン政治劇場、もう飽きた。既得権益をぶっ潰すのなんのいっても、結局（どっちに転がっても）その既得権益はオッサンのモノ。オッサンのオッサンによるオッサンのための政治にうんざりしたから、私らおばちゃん党でもつくったろか（笑）」

そうして〝党員〟を募ると、立ち上げ2日目には「全日本おばちゃん党」グループの参加者は500人を突破したのです。この「全日本おばちゃん党」は、「オッサン政治にシャレとユーモアでツッコミを入れる」ことが目的です。井戸端会議のように、誰かが投げかけた話題についてやりとりすることで、政治にツッコミを入れられるよう、おばちゃん同士で学び合うことを目指します。2019年末に解散しましたが、グループ内でのやりとりからは、同じような違和感や不満を抱えていた女性がいかに多かったかをよく知ることができました。

私がこのとき定義した「オッサン」に、年齢や見た目は関係ありません。「独善的で上から目線、とにかく偉そうで、間違っても謝ることもせず、人の話を聞かない男性」を指します。言い換えれば「『ありがとう』『ごめんなさい』『おめでとう』が言えない人たち」

です。

それから約10年——。今回、この「オッサン」を「おっさん」として改めて定義し直してみたいと思います。

この間、社会は「おっさん」的な言動や価値観に以前より厳しくなりました。年功序列制や終身雇用制は少しずつ成果主義へと変わり、組織はメンバーシップ型からジョブ型への転換を図り、外部からの人材登用も盛んになっています。人権意識も徐々にではありますが浸透し、かつて野放しになっていた女性やマイノリティを蔑視する発言は世間から厳しく糾弾されます。

私が新リーグ設立のため悪戦苦闘していた時期に、森喜朗・東京オリンピック・パラリンピック組織委員会長の女性蔑視発言、そして東京オリンピック・パラリンピックの開閉会式の演出を統括するクリエイティブディレクター・佐々木宏氏が女性タレントの容姿を侮辱する演出案を関係者にLINE上で提案したことが相次いで批判され、いずれも辞任に追い込まれました。これも「時代がおっさんに厳しくなった」という一例でしょう。

そのため、批判や処分を恐れる「おっさん」たちは、よほど脇が甘い人でない限り、女性に対してあからさまなハラスメント行為や発言をしたりはしません。ですが「女性」や「立場の弱い者」を前にしたときに、些細なところから「おっさん的な本質」がにじみ出てしまうのです。

それを踏まえ、私が定義する「令和のおっさん」は次のような人たちです。

●上司や目上の人間の前では平身低頭。組織から弾き出されたくないので、とくに「ムラの長」には絶対服従。しかし部下や下請けなど立場の弱い人間にはとにかく高圧的。

●口癖は「みんながそう言っている」「昔からそうだよ」「それが常識だ」という3つの思考停止ワード――理屈ではなく、慣例や同調圧力で部下を黙らせる。

●とにかく保守的。ＩＴをはじめとする新しい技術や価値観には無関心。部下や若手からの提案に対しては「リスクが大きい」「誰が責任を取るのか」と否定から入る。自分が退職する日まで〝勝ち逃げ〟できればいいので、組織が退化してもいいと考えている。「若い人のために一肌脱ぐ」なんてことは地球最後の日が来てもやらない。
●そのくせ「アレオレ詐欺」の常習犯。人の功績、部下の功績は自分の手柄。会社になんの貢献もしないわりに、目の前の帳尻を合わせて上司の機嫌を伺う要領の良さばかりある。

あなたの近くにも、思い当たる人がいるかもしれません。

平成という時代は、しばしば「失われた30年」と表現されます。バブル崩壊後、景気も雇用も冷え込み、日本全体が長らく元気さ、明るさを失っていました。そのため「おっさん」たちは、企業に蔓延する「後ろ向きな空気」をいっぱいに吸い込んで生きてきたわけです。するといつの間にか年功序列にしがみつき、権力者に付き従い、長いものに巻かれるのが「安全」だという思考に陥ってしまう。その結果、なにが起きるか。会社をより良い方向に発展させたり、社会に貢献する仕事をしたいという「大義」よりも、目先の「帳尻合わせ」が先に立ってしまうようになるのです。

2011年に粉飾事件で上場廃止の瀬戸際まで追い込まれたオリンパス、2015年に不正会計が発覚して以降さまざまな問題が露呈した東芝、2021年に組織的な検査不正が発覚した三菱電機など、近年、日本を代表する企業で数多くの不祥事が起きていますが、これらはまさに「おっさん的マインド」が遠因となった事件ではないでしょうか。

池井戸潤さんの小説『オレたちバブル入行組』（文春文庫）で描かれ、大人気テレビドラマにもなった半沢直樹は、まさにそんな「おっさん」たちと同世代です。半沢は上司や重要な取引先、巨大な権力を敵に回してでもけっしてブレることなく「大義」を貫きます。

偉い人の前では絶対服従、大義よりも組織の論理——そんな大人には絶対なりたくない、半沢のようになりたいと、かつては考えていた人たちが、その理想を曲げて「おっさん」になってしまっている現実があるのです。

「おっさん化」は老若男女共通の病理

こうやって「おっさん論」を展開していくと、「谷口真由美は中高年男性の敵や！」と激怒する方もおられるかもしれません。

しかし、実は「年齢」「性別」は決定的な問題ではありません。私の定義する「おっさん」

は中高年男性に限って存在するわけではありませんし、もちろん大義と胆力でいくつになっても「おっさん」にならない男性だって多いのです。

それに、若い人でも、女性でも「おっさん体質」の人はいます。難しいのは、男性社会のなかで活躍している女性にも、「おっさん」が少なくないことです。私はそんな人たちのことを、「オバハン」と呼んできました。

森喜朗さんが、五輪組織委の女性理事たちを「みんなわきまえている」と評して問題となったことはこの本でも何度か触れてきました。もちろんこれは森さんが話しているだけで、実際のその女性たちがそうなのかはわかりません。ただ、男性中心の常識で回っている組織において引き上げられた女性のなかには、「わきまえるタイプ」が非常に多いことも事実です。

あなたの周りにも、たいして仕事ができるわけでもないのに、はるか年上の男性上司に寵愛を受けることで組織内に大きな影響力を持ったり、異例の出世を遂げたりする女性はいませんか？「ジジ殺し」なんて言葉がありますが、「おっさんがどうすれば喜ぶか」「どうしたらおっさんの機嫌とプライドを損ねないか」を熟知しているコミュニケーションスキルの高い女性が、もし「大義」や「組織の未来」よりも「自分の利益」「保身」を優先する利己的なタイプだった場合、それはかなり厄介な「おっさん」と言えるかもしれません。ただし、それは彼女たちの生存をかけた「生きる術」とも言え、女性が組織でマイノリティである間にこの批判を女性たちに向けるのは酷というものですが……。

また、メディアも「おっさん的価値観」を日本社会に定着させてしまっている面は否定できません。

たとえば、選挙中の報道で、女性の姿が目立つとメディアはすぐに「美しすぎる〇〇議員」や「〇〇ガールズ」と命名します。これらの用語からは、明らかに女性を下に見ている思考回路が透けて見えます。

また、メディアは政治家、経営者、タレントなど、あらゆる分野で「オンナ」対「オンナ」の構図をつくるのも大好きです。私には「オンナの敵はオンナ」という刷り込みを図っているとしか思えませんが、この構図をつくりだして高みの見物を決め込むのは、いつも「おっさん」たちです。おっさんという「マジョリティ」（多数派）に向け、社会に出ようとする女性（マイノリティ）をネタにする安易なフォーマットの報道を繰り返していることとは、日本社会の「おっさん化」の一因と言えるでしょう。

「失われた30年」でおっさんが大増殖

先ほど、平成時代の停滞した日本経済を指す「失われた30年」という言葉を紹介しましたが、まさにこの期間は女性の社会進出という面においても「失われた30年」だと言えるでしょう。

日本は1985年に世界の女性の憲法と言われる女性差別撤廃条約を批准、同年「男女雇用機会均等法」も成立しました。それから平成30年間を経て、働く女性こそ増えたものの、「おっさん中心主義」の社会のあり方は根本的には変わっていません。

セクハラ、マタハラ（マタニティハラスメント）など女性へのハラスメントは減少したと言えませんし、「最近になってようやくそのような概念の存在を知った」という男性も残念ながら少なくないでしょう。

数字の上でもその停滞ぶりは明らかです。日本政府は約20年前から「2030」という政策を進めていました。これは2020年までにすべての公職における女性リーダーを30％にするというものです。また、民間企業の女性管理職の割合も増やすよう求めていました。しかし、この目標は達成できず、政府は２０３０年代に指導的地位にある男女の比率が同水準になることを目指すという方針に変更しました。経団連も「２０３０年30％のチャレンジ」として「２０３０年までに役員に占める女性比率を30％以上にする」としていますが、２０２１年７月の内閣府調査によると、東証１部上場企業の３分の１は、いまなお女性役員がゼロとなっています。

また、２０２１年10月の解散総選挙は、男女の候補者数をできる限り均等にするよう政党に求めた「政治分野における男女共同参画推進法」が成立して初めて行われた衆議院選挙でした。ところが、当選者に占める女性議員の割合は９・７％に過ぎず、前回衆院選を下回る結果となっています。

これでは、女性の意見が通るはずがありません。

ちょっと想像していただきたいのですが、あなたを含めたお友達10人が「焼き肉とお寿司、どっちを食べに行こうか」となったとします。ひとりが焼き肉、９人がお寿司と希望を言えば、当然「お寿司」ということになるでしょう。ふたりが焼き肉、８人がお寿司でも変わらない。では、3人が焼き肉で、7人がお寿司だったとします。そしたら「焼き肉派」の意見もようやく考慮されるようになる。つまり多数決が原則の社会において、「マイノリティの意見」が認識されるのは3割を超えてからがやっとで、それまでは見向きもされないわけです。

私がよく耳にするのは「大事なのは優秀な人材が登用されることだ。30％と割合を決めると『女性なら誰でもいい』となり、優秀な男性を排除する〝逆差別〟になりかねない」という意見です。しかし、それは人口比で言えば男性とほぼ同数であり、マジョリティであるはずの女性が、社会のさまざまな場面でマイノリティになってしまっているという構造的矛盾から目をそらしています。

マジョリティの側が意識して、政治的、政策的なルールを作って手立てを打たなければ、女性に限らず、マイノリティはずっとマイノリティのままなのです。

また、「30％」を実現するための「高い壁」の正体がなんであるかという議論が進んでいないことも、大きな問題です。

先ほど申し上げたハラスメントの問題に加え、相変わらずの性別役割分担観念、女性の経済的な問題など、その要因は数多くありますが、やはりもっとも大きく立ちはだかっているのは「自らがマジョリティであることに、いまだ無自覚なおっさんが多すぎる」という問題でしょう。

私のラグビー協会での2年間で、「マジョリティによるマイノリティ排除の空気」を嫌というほど感じました。

もちろん法人準備室長、審査委員長という重責を任されたこともあり、私のことを尊重してくださった協会の皆さんも多かった。とくに若手スタッフにはラグビー界の改革を真剣に考えている人も多く、彼らからの期待は強く感じていました。

しかし一方で、「つねに蚊帳《かや》の外」という雰囲気もありました。

「あぁ、谷口さんはオンナやし、どうせわからへんやろ、しゃーない、しゃーない、ええよ、ええよ」みたいな。これは一種の気遣いとも言えますが、そこには「俺たちのやり方がわからんヤツは、口を出さんでいい」みたいな〝排除〟の空気も感じられたのです。

「女性だからわからないだろう」「選手の経験がないから」「ヨソから来た人間だからしゃーないわ」みたいな三重のマイノリティであるために、組織のルールや内輪の論理がわからず、なかなか議論に踏み込んでいけない。私みたいなズケズケ言う性格ですらそうなのですから、ほかの女性理事はもっと大変だったと思います。

「話が長い」と揶揄《やゆ》されるくらい、女性理事はみなさん頑張って言うべきことを言ってきましたが、圧倒的に協会側との情報量が違うため、どうしても最終的な意思決定は、協会幹部に一任せざるを得ないことも多かったのです。

社会における女性比率の底上げをルール化することはもちろん重要ですが、こういった「マジョリティとマイノリティの情報格差」を改善すべく真剣に取り組まない限り、いくら数字だけの女性登用を推し進めても、決して本質的な問題解決にはならないでしょう。

何度かお話ししたように、スポーツ庁は競技団体の女性理事の割合を40％以上とするガバナンスコードをつくり、男女のギャップ解消に取り組もうとしています。ラグビー協会もその方針に沿って女性理事を増やし、私が理事を外れた2021年6月の役員改選で女性理事を25人中10人にし、女性比率を40％まで引き上げました。

しかし、そこで選ばれた女性理事が、協会を引っ張っていけるかと言えば、それほど簡単ではありません。男女の「数」だけではなく、「機会」そして「情報量」を均等にすること、「サポート体制」と「心理的安全性」が確保されることがなにより大事だと思います。「心理的安全性」とは、「組織の中で自分の考えや気持ちを誰に対してでも安心して発言できる状態」のことを指します。近年、「生産性が高いチームは心理的安全性が高い」という研究結果が発表されたことから注目されている概念で、この概念を掘り下げた書籍『恐れのない組織』（エイミー・C・エドモンドソン著・英治出版）はベストセラーになっています。

権力をもった男性が中心となってルールをつくり、招き入れた女性たちに「俺たちのルールに従え」と強要するだけでは、未来は拓けません。それは私のラグビー協会での2年間を見ても明らかです。

アリバイ的に女性を多く登用しても、男性中心、年功序列など「従来のルール」に手をつけなければ結果的になにも変わらなくなってしまう。組織の意思決定者が考えるべきは、これまで当たり前のように固定化されてきた「おっさんの掟」を意識的に改革していくことなのです。

開幕したばかりの「JAPAN RUGBY LEAGUE ONE」。その立ち上げに関わった人間として、私はその成功を心から応援しています。ぜひラグビー場に足を運んでその盛り上がりを見てみたい。未来のラグビーは「おっさんたちのもの」ではなく、これからを担う若者たちのものなのですから。

おわりに

ふるさとは遠きにありて思ふもの
そして悲しくうたふもの
よしや
うらぶれて異土の乞食《かたゐ》となるとても
帰るところにあるまじや
ひとり都の　ゆふぐれに　ふるさとおもひ　涙ぐむ
そのこころもて
遠きみやこに　かへらばや
遠きみやこに　かへらばや

「小景異情」　室生犀星

2021年2月、新リーグ法人準備室長を突然解任されてからの私には、自分の身になにが起こったのか、ラグビー新リーグとはなんなのか、そういったことに向き合う日々ができました。表向き、私の解任は「審査委員長として忙しくなるため」と説明されていましたが、実はそれまでに審査の8割を終えていたので、とても暇になったのです。

人生のハーフタイムはラグビー協会に奪われたと思っていましたが、少なくとも2月から4月くらいまでは、これまでにない穏やかな時間を過ごしました。

いつの間にか自宅にはスポーツビジネスや経営に関する本が大量に溢れていましたが、その間はそんな本には見向きもせず、『三国志』、『論語』、そして『兵法』を読み直しました。いずれも「おっさん」たちが「座右の書」としがちな古典。おっさんの頭のなかをトレースするには、ぜひ読むべきと考えたのです。正直なところ、この三作を改めて読破して思ったのは、「これがおっさんの思想の根底なら、組織も社会も発展せえへんな」ということでした。おっさんの勝手気ままに付き合わされた女性の存在が、哀しく浮き上がってくるだけでした。かつて、ケガレの研究をしていたこともあり、歴史を女性の視点で見直そうとしたときに、歴史研究者のおっさんたちから「歴史に対する冒瀆《ぼうとく》」とまで言われたことを思い出しました。

思えば、おっさんとの戦いは私の人生の大半を占めています。2004年に大阪大学で博士を授与されたときの論文のテーマは「『リプロダクティブ・ライツ』と『リプロダクティブ・ヘルス』概念の生成と展開」というもの。リプロダクティブ・ライツとは性と生殖に関する権利、リプロダクティブ・ヘルスとは性と生殖に関する健康という日本語訳がついています。簡単に言えば、子どもを産むか産まないか、いつ産むか、産むならどんな方法で産むのかに関する健康と、その権利のことです。

ですから、性教育、不妊、出産、育児、更年期など、人間のライフサイクルすべてにかかわる人権の研究になります。たとえば性教育ひとつをとっても、性教育なんてするから子どもたちに性の乱れが起こる、性教育なんてするなと大真面目に主張するおっさん政治家たちの主張とも戦ってきました。

私は幼少期、花園ラグビー場のメインスタンドの下にあった近鉄ラグビー部の合宿所で育ち、「花園ラグビー場の娘」と呼ばれていました。「ラグビーが好きですか？」と尋ねられると、いつも答えに困ります。和菓子屋の娘に、「和菓子は好きですか？」と聞くようなもので、私にとってラグビーはつねにそこにあるもの、日常の風景でした。好きなときもあれば、嫌いなときもある。いいと思うときもあれば、イヤだと思うときもある。離れたくても、なかったことにしたくても、私の人生とラグビーのかかわりは断絶することができない、そういうものだと思っています。

25歳のとき、イギリスの友人のところに遊びにいって、ふと思い立って訪れたトゥイッケナムというラグビースタジアム。試合のない平日に行ったので、併設のミュージアムなども全部閉まっていましたが、そこにいたおっちゃんに「どこから来たんや？」と尋ねられました。「日本から来てん。私、花園ラグビー場っていう、ここをモデルにして造ったラグビー場に住んでてん」と答えたのです。「ん？　オマエはそのラグビー場の門番の娘か？」と聞き返され、あれやこれや会話をしたのでした。

するとそのおっちゃんは、「おお、オマエはラグビーのプリンセスやな。ようこそプリンセス、ここはトゥイッケナム、私が案内しましょう」と、なぜか閉まっているスタジアムのなかを案内してくれて、ピッチにも立たせてくれて、ミュージアムも開けてくれて、事務所みたいなところではプリンセスと紹介してくれました。いまだにそのおっちゃんが誰かわからないわけですが、おっちゃんは私をプリンセス扱いしてくれたのでした。人生のなかで、プリンセスになったのはあのひとときだけですが。

ラグビーというのは、こういうエピソードに事欠かないスポーツだと思っています。ラグビーという単語を出すと、初対面でも「久しぶり！」みたいな仲間意識。ラグビーをやっている場所や集まりそのものが、精神的なふるさとになる。それはとても素晴らしいと思っています。

だからこそ、数か月のモラトリアムをラグビー界から思いがけず与えられた私の頭によぎったのは、ああ、私にとってもラグビーはふるさとだったんだということでした。冒頭の室生犀星の詩は、この時期の私の気持ちを代弁してくれるものでした。近づかないほうがよかった、遠くから良いものと思っているほうがよかった、という想いが強かったのだと思います。いまはそれも、なかに入ったからわかること、と受け入れられるようになりましたが、甘言にほだされて、神輿に乗せられた自分がアホやったと当初は自分を責めていました。

そこからふと、この状況を説明することができるようになりました。私の身に起こったことは――「まんが日本昔ばなし」風に言えば、こんな感じだと思っています。

――あるところに、ラグビー村で幼少期を過ごした女がいました。女は村を出て、町で勉強し、活躍するようになりました。ある日、村の村長や長老、若い衆などから「うちの村に戻ってきて、変えてほしい。神輿にのせて、みんなで担ぐから」と。女は町での仕事を辞めねばならないこともあり、迷いましたが村のためになるならと行くことにしました。

村を変えてほしいと頼まれた女が、次々といろいろなことを始めだすと、「町から来ただけあって、さすがだねぇ」と言われる反面、「町の女ってのは、わきまえないよな、まったく」と言われるようになりました。

ある日、「アンタじゃあ、もたんわ」と言われ、村長はじめ女を村に呼んだ権力を持った男たちが手のひらを返しだします。こっそりと「こんなにひどい仕打ちをするなんて」、「卑怯なやつらに負けないで」「アンタは間違ってない」と声をかけてくれる村人も多くいましたが、大半がだんまりを続けていました。

そうこうしているうちに、女は村から放逐されることになりました。表向きは、頼んでいた期限が終わったから、でした。期限が終わっても、その村にとどまっている人もたくさんいますが、放逐されたのです。村を出るときに、挨拶もさせてもらえませんでしたが、若い衆や、女衆からは「出ていかないで!」と泣かれました。また、「この村で見たことや聞いたことは口外するんじゃないぞ。したら呪われて、怖いことが起こるぞ」と村の役人に言われ、女はたいそう傷つき、もう二度とあの村には関わらないでおこうと思いました。村では、あの町の女が好き勝手して、大変なことになったと喧伝《けんでん》されていましたが、女のもとにはその村にとどまる村人や、村から出て行った人たちから、温かい言葉が届けられ、女の傷は回復していくとともに、村人ひとりひとりは善良かもしれないが、村という構造が問題なのだと思うに至りました。——

『失敗の本質』であり『タテ社会の人間関係』であり、ハンナ・アーレントの言う「凡庸な悪」であり、まんが日本現代ばなしであり。ラグビー界が抱える構造的な問題には、すでに社会で言いつくされている問題が凝縮されていると思われました。「凡庸な悪」というのは、第二次大戦中に起きたナチスによるユダヤ人迫害のような悪は、根源的・悪魔的なものではなく、思考や判断を停止し外的規範に盲従した人々によって行われた陳腐なものであるが、表層的な悪であるからこそ、社会に蔓延し世界を荒廃させうる、という考え方のことです。これは確実にラグビー界にある現象です。いま流行りの言葉で言えば、「心理的安全性」も確保されていない場所、ということにもなります。

ラグビー協会に身を置いた2年間は、新リーグ以外でもいくつかのことに関わりました。ワールドカップ2019終了前に、次の4年を託すためのヘッドコーチ選考委員会の委員になり、いまのジェイミー・ジョセフヘッドコーチを選考したことや、中長期計画の策定の土台作りをしたこと、選手向けのSDGsレクチャー、ラグビー選手会との対話、地域協会や都道府県協会との対話……いまでも女子委員会の委員は任期中です。

そのなかでも、私が2019年10月に立ち上げた「日本ラグビーの価値言語化プロジェクト」については、忘れられないものとなりました。これは、ワールドカップで熱狂しているさなかに理事会で提案し、予算もつけられたものです。これまでお話したように、ワールドカップが盛り上がれば盛り上がるほど、競技者人口の減少への危機感は私のなかで大きくなっていきました。それを食い止めるために、「ラグビーを子どもにさせたいスポーツナンバーワンにしたい」と私がささやかな野望を持っていることを理事会で発言しました。そして、理事のみなさんにも「ところで、ラグビーの良さって何ですか？」と尋ねてみたのです。「そりゃあいろいろありますが、やったらわかりますよ！」という答えが大半でした。これでは、外の世界には、魅力は伝えられません。

これまでの日本におけるラグビーは、「わかる人だけわかればいい」、「やった人だけが価値のわかるものでいい」という、一種の排他主義的な風潮があったことも否めません。それが「ラグビー村」と揶揄されるゆえんにもなっていました。ラグビー村は、外に向けて発信する共通言語をあまり持ってこなかったために、「ラグビーってなにがいいの？」と聞かれた際に、ラグビー村で通用する言葉以外での答えができないという場面もあったのではないでしょうか。

私は、そのような状況を打開したいと考え、日本のラグビーの価値を認識し、ラグビー関係者であることを誇りとして行動してもらえるよう、新たなスローガンおよび指針を策定しようと考えました。そのために多くのラグビー関係者から意見を集め、詳細なレポートを作成したのです。

協会を去る直前の2021年5月の理事会において、岩渕専務理事から私のレポートが日本ラグビー協会のホームページに掲載されることが確認されましたが、2021年現在、掲載された様子はありません。このように理事会で決定したことが簡単に反故《ほご》にされてしまうことも、ラグビー協会のガバナンス不全の深刻さを物語っています。

これまでもお話ししたように、私が新リーグ法人準備室長や審査委員長に就任したときには、理事会審議も経て、大々的にメディアにも発表されました。ところが退任は、協会のホームページに当初は掲載されることもなく、ひっそりと終わりを迎えました。まるで、なかったことにしたいかのようです。私がラグビー協会理事を務めた2年間、たびたび聞いた言葉は「ガバナンス」でした。しかし、「おっさんの掟」を手放さない限り、「ガバナンス」はないと言っても過言ではないでしょう。

私は現在も、日本ラグビーフットボール協会女子委員会の委員です。理事を終えたあとでも、そういった委員を務める方は、協会のメールアドレスがそのまま使えます。ところが私の場合は、なんの前触れもアナウンスもなく、2021年7月15日にアドレスが使えなくなりました。こんなこと一般企業でも大学でもあり得ないことです。そもそも、気が付いたらスルスルと役職を外されていった私は、どこがラグビー界とのかかわりの終わりかよくわからない状況で、関係のあった皆様にご挨拶もままなりませんでした。ここで、そのお詫びをするとともに、ラグビー協会理事在任中にお世話になりましたみなさまに、厚く御礼を申し上げます。

この本は、私の身に起こったことをオモロイと思ってくださった大阪大学教授の仲野徹先生が、編集者の加藤晴之さんにつなげてくださったことから始まりました。おふたりのご縁に感謝申し上げます。そして、うんうんと聞いてくださったライターの李淳馹さん、この本を出そうと決断してくださった小学館の飯田昌宏さん、物腰柔らかに伴走してくださった山内健太郎さんに、心より御礼を申し上げます。

この間、有形無形に支えてくださった友人たちへ。本当にありがとうございます。

川淵三郎さんへ。困ったとき、不安なときに、いつも寄り添い、的確なアドバイスをくださって、また私の誇りを忘れさせないでくださってありがとうございました。

審査委員のみなさまへ。最後までお名前を出すこともできず、陰に追いやるようなことになりごめんなさい。それでも一緒になって戦ってくださって本当にありがとうございました。

両親と叔父と叔母へ。心配をかけてごめんなさい。

子どもたちへ。あなたたちに恥じない2年間でした。誰になにを言われようと、胸を張って生きていってください。

日本ラグビー界の真の発展を、心より祈って。激動の2021年が終わろうとする日に。

谷口真由美

●取材／李淳馹
●撮影／藤岡雅樹
●編集／加藤企画編集事務所、山内健太郎（小学館）

谷口真由美［たにぐち・まゆみ］

1975年大阪府生まれ。法学者。大阪芸術大学客員准教授。専門は国際人権法、ジェンダー法など。「全日本おばちゃん党」を立ち上げ、テレビやラジオのコメンテーターとしても活躍。2019年6月、日本ラグビーフットボール協会理事に就任。2020年1月にラグビー新リーグ法人準備室長に就任。その後新リーグ審査委員長も兼任するが、2021年2月に法人準備室長を退任。6月に協会理事、新リーグ審査委員長も退任。著書に『日本国憲法　大阪おばちゃん語訳』（文藝春秋）、『憲法ってどこにあるの？』（集英社）ほか。

おっさんの掟

「大阪のおばちゃん」が見た日本ラグビー協会「失敗の本質」

二〇二二年　二月六日　初版第一刷発行
二〇二二年　十月二十九日　第四刷発行

著者　谷口真由美
発行人　飯田昌宏
発行所　株式会社小学館
〒一〇一－八〇〇一　東京都千代田区一ツ橋二ノ三ノ一
電話　編集：〇三－三二三〇－五一二六
販売：〇三－五二八一－三五五五

印刷・製本　中央精版印刷株式会社

Printed in Japan ISBN978-4-09-825417-0